파워 히스토리 시리즈 2

킹덤 오브 헤븐

교사용 지침서 다운받는 곳

=〉 한글도메인 "파워스톰"/ www.powerstorm.org

파워 히스토리 (Power History) 그분의 이야기

역사(History)란 무엇입니까?

역사를 말할 때 하나님을 빼놓을 수 없습니다. 왜냐하면 하나님이 역사의 주인공이시기 때문입니다. 그런 의미에서 역사, History는 His Story "그분의 이야기"입니다.

역사는 하나님의 이야기, 곧 하나님의 다스리심이 나타나는 곳입니다. 그러므로 역사를 깊이 연구할수록 우리는 하나님의 계획과 섭리를 어렴풋이라도 알 수 있는 것입니다.

이같은 하나님의 이야기가 진하게 나타나는 장소가 바로 성경입니다. 매우 구체적으로 하나님이 이스라엘이라는 한 민족을 통하여 일하셨기 때문입니다. 물론 하나님이 단순히 이스라엘이 생각한 것처럼 이스라엘만을 위해서 존재하는 분은 아니셨습니다. 이스라엘은 "제사장 나라" 곧 세상과 하나님 사이에서 일할 도구로 부름받았던 것입니다. 이스라엘의 처음 조상 아브라함을 부르실 때 하신 말씀을 보면 매우 정확하게 알 수 있습니다.

"내가 너로 큰 민족을 이루고 네게 복을 주어 네 이름을 창대케 하리니 너는 복의 근원이 될찌라… 땅의 모든 족속이 너를 인하여 복을 얻을 것이니라 하신지라"(창 12:2-3)

하지만 이스라엘은 하나님의 뜻을 따라 살지 못합니다. 우리는 구약성경을 읽으면서 하나님의 애타는 마음을 발견해야 할 것입니다. 하나님의 뜻은 분명합니다. 지금도 하나님은 사람을 찾으시고 그를 통하여 일하고자 하십니다. 이스라엘을 부르신 것처럼 우리를 부르십니다.

파워 히스토리 교재는 역사 속에 행하셨던 하나님의 일하심과 사람들이 범한 잘못들을 공부하면서 반성하고 자신은 놀라운 하나님의 사람으로 살고자 다짐하는 청소년들을 돕고자 쓰여졌습니다. 뜨거운 마음을 가지고 말입니다.

교육국

파워 히스토리 시리즈와 자매 교재들

청소년을 위한 성경공부 교재인 "파워 히스토리 시리즈"는 역사의 핵심인 구약성경을 공부함으로 하나님이 일하셨던 현장을 살피고 이해함으로 성서적 역사관을 세우고자 하는 데 초점을 맞추었습니다.

원래 파워 히스토리 시리즈는 파워스톰 시리즈란 이름으로 시작했었지만 시리즈를 더 나누어서 세 개의 시리즈로 재구성하였습니다.

* 파워스톰 시리즈(총 4권) : 정체성과 비전

❶ 후 엠 아이?
❷ 사용 설명서
❸ 문화.com
❹ 꿈

* 파워 지저스 시리즈(총 4권) : 신약과 예수님

❶ 예수를 만난 사람들
❷ 예수를 찾아서
❸ 예수코드
❹ 파워 크리스천

* 파워 히스토리 시리즈(총 4권) : 구약과 하나님

❶ His+Story
❷ 킹덤 오브 헤븐
❸ 인간 왕국사
❹ 예언과 환타지

책의 구조

파워 히스토리 시리즈 : 구약과 하나님

파워 히스토리 시리즈의 핵심은 역사의 주인공이 하나님이라는 사실을 강조하는 것입니다. 특히 구약에 나타난 하나님의 일하심과 마음을 살피고 깨닫는 데 그 중심을 두었습니다.

❶ His + Story

- 창세기 창조와 타락의 본질과 하나님의 구원역사의 시작이 왜 그렇게 집요하게 진행되었는지를 설명하고 그 하나님의 도구들인 아브라함과 이스라엘의 역사를 살핍니다.

❷ 킹덤 오브 헤븐

- 약속의 백성을 부르신 출애굽 사건과 왕국을 세울 때까지의 역사를 통해 신실치 못한 이스라엘과 언제나 신실하신 하나님의 인도하심에 관심을 갖고 살핍니다.

❸ 인간 왕국사

- 아름다운 왕 다윗과 지혜로운 왕 솔로몬의 이야기를 통하여 진정한 지혜가 무엇인지를 살핍니다. 하지만 하나님의 지혜로 세워지지 않고 인간의 지혜로 세워진 왕국의 종말이 어떠한지를 주의깊게 바라볼 것입니다.

❹ 예언과 환타지

- 인간의 역사 속에 하나님은 선지자들을 통하여 계속 말씀하셨습니다. 그럼에도 멸망하는 인간 왕국과 하나님 앞에 선 선지자들의 모습을 통하여 하나님 앞에 바르게 서는 것이 무엇인지를 제시합니다.

각 과의 구조

Ready (준비) : 문제를 제기하고 주제로 들어가기 위한 준비를 시킵니다.

Know (알기) : 과의 중심적인 부분으로 말씀을 통해 주제를 조명해 나갑니다. 크게 셋으로 나누어져 진행됩니다.

주제로 들어가기 위한 문의 역할을 합니다.

주제를 말씀으로 살피고 해석하는 단계입니다.

해석된 말씀을 자신의 삶에 적용하는 도움을 줍니다.

Do it (실천) : 적용된 말씀을 삶 속에서 살도록 돕는 구체적인 방향을 제시합니다.

Contents

STUDY

공부를 시작하면서 나의 각오

1 가시떨기 나무 아래에서

존 웨슬리 어거스틴 모세 윌리엄 부스 바울

올더스게이트 어느 정원 떨기나무 웨슬리 묘 다메섹 가는 언덕

지금은 수없이 많은 사람들이 다니는 관광지가 되었지만
그곳은 하나님이 임재했던 장소였습니다.
누구나 갈 수 있는 장소였지만
어떤 사람은 하나님을 만난 것입니다.

READY 하나님을 만난 곳

Q1. 하나님을 경험한 적이 있습니까? 있다면 어느 곳에서 있었습니까?

KNOW

가시떨기 나무 아래에서

open 마음열고 생각하기

모세가 하나님을 만났던 시내 산 떨기나무를 아십니까?
지금은 기념교회가 세워져 있는 관광지가 되었지만,
보는 것처럼 매우 평범한 떨기나무였습니다.
그런데 그곳에서 하나님은 모세를 만나셨습니다.

Q1. **모세가 불타는 떨기나무 가운데서 하나님을 만나는 장면을 성경에서 찾아 읽어 보십시오.(출 3:1-4)**

▲가시떨기 나무, 시내산 성 캐더린 수도원 내

Dig 말씀으로 살펴보기

원래 모세는 히브리인이었지만 바로 왕의 딸의 양자였습니다. 그는 성장하면서 자신의 정체성을 두고 고민하였던 것으로 보입니다. 그러던 어느 날 자기 동족을 학대하는 애굽인을 죽이게 됩니다. 이 일을 알게 된 바로 왕이 자신을 죽이려 하자 그는 미디안 광야로 도망하였습니다.

Q2. **그때 모세의 나이는 몇 살이었습니까?(행 7:22-23)**

미디안 광야로 도망친 모세는 미디안 제사장 이드로의 딸 십보라와 결혼하여 양을 치는 목자로 살았습니다. 그렇게 오랜 시간이 흘렀습니다. 그동안 애굽에서 이스라엘 백성은 노예생활로 깊은 고통 가운데 있었습니다. 이스라엘 백성이 하나님께 부르짖었습니다. 그때 하나님이 그 부르짖음을 들으시고 미디안 광야의 목자로 있는 모세를 이스라엘을 구원하는 지도자로 세우십니다.

Q3. 이때 모세의 나이는 몇 살이었습니까?(행 7:30)

Q4. 이같은 하나님의 부르심을 보면서 무엇을 느끼게 되십니까? 왜 하나님이 40세의 젊고 피끓는 모세를 지도자로 세우지 않으시고 노년의 모세를 지도자로 세우신 것입니까?

우리는 언제나 우리 눈에 보이는 것으로 사람을 평가합니다.
좋은 학교, 재산이 많은 집안, 외모, 특별한 재능 등이 그 기준이 됩니다.

하지만 하나님께는 그것이 중요하지 않습니다.

Q5. 왜 그런 것인지 눈을 감은 채로 10초 동안 생각해 보십시오.
그리고 그 이유를 써 보십시오.

Q6. 다음 문장을 소리를 내어 읽어 보십시오.

> "하나님의 어리석음이 사람보다 지혜롭고
> 하나님의 약하심이 사람보다 강하니라"(고전 1:25)
>
> "For the foolishness of God is wiser than man's wisdom,
> and the weakness of God is stronger
> than man's strength." (1 Corinthians 1:25)

하나님은 모세를 부르셨습니다. 하지만 왕성했던 청년의 시기에 모세를 부르시지 않은 것을 통해 일하시는 분은 하나님이심을 우리는 알 수 있습니다. 그의 나이가 몇 살이든지 관계없이 하나님은 일하실 수 있는 분이십니다. 그래서 우리에게도 기회가 있는 것입니다.

Q7. 그래도 이유가 있을 것입니다. 왜 모세를 부르신 것입니까?

Reflect 내 삶에 적용하기

떨기나무는 중요하지 않습니다. 하나님을 만날 준비가 되어 있는 사람에게는 모든 곳이 하나님의 임재 장소가 될 수 있습니다. 준비되어 있는지 여부가 가장 중요한 것입니다.

Q8. 당신은 준비되어 있습니까?

DO IT

다시 비전을 생각하라!

성경을 자세히 읽어 본 사람은 알겠지만 하나님이 애굽 땅에서 고통하고 있는 백성의 신음을 들으셨다는 기록은 출애굽기 2장 23-25절에 나옵니다.

"여러 해 후에 애굽 왕은 죽었고
이스라엘 자손은 고된 노동으로 말미암아 탄식하며 부르짖으니
그 고된 노동으로 말미암아 부르짖는 소리가 하나님께 상달된지라
하나님이 그들의 고통 소리를 들으시고
하나님이 아브라함과 이삭과 야곱에게 세운 그의 언약을 기억하사
하나님이 이스라엘 자손을 돌보셨고
하나님이 그들을 기억하셨더라"(출 2:23-25)

하나님이 모세를 부르신 것은 출애굽기 3장에 나옵니다.
그렇다면 하나님은 이스라엘이 부르짖자 그제서야 계획을 세우신 것입니까?
그렇지 않습니다. 하나님은 이미 오래 전에 세우셨습니다.
모세가 그 계획이었습니다.
그 기록은 출애굽기 1장 15절-2장 10절에 있습니다.
하나님은 오래 전에 이스라엘 구원을 계획하고 계셨던 것입니다.
단지 부르짖을 때 그 계획이 실행된 것일 뿐입니다.

Q1. 하나님은 오래 전부터 이스라엘을 향하여, 모세를 통한 계획을 세우고 계셨습니다. 동일하게 나 자신을 위한 계획도 하나님은 세우고 계십니다. 그것이 하나님의 비전입니다. 그것이 무엇인지 깊이 생각하는 시간을 한 주간 동안 가져 보십시오.

* 주일 예배 말씀 *

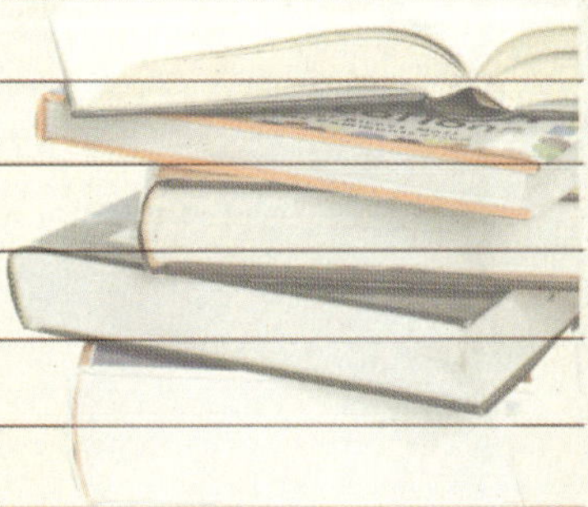

1과 Quiz

Q1. 하나님의 부르심을 받을 때 모세는 몇 살이었습니까?

Q2. 왜 하나님은 40세의 젊고 피끓는 모세를 지도자로 세우지 않으시고 노년의 모세를 지도자로 세우신 것입니까?

2 하나님과의 전쟁

하나님 없이 산 사람들 READY

Q1. 하나님을 거절하고 자신을 왕으로 여기면서 살던 이들의 종말은 어떠했습니까?

KNOW

하나님과의 전쟁

open 마음열고 생각하기

이스라엘 민족이 하나님 앞에 순복하자 하나님은 이스라엘을 제사장 나라로 쓰시는 계획을 다시 진행하십니다. 아론과 함께 모세는 이스라엘 백성에게 하나님의 돌아보심과 계획을 선포한 후에 바로에게 가서 "내 백성을 보내라"(출 5:1)는 하나님의 말씀을 전합니다.

Q1. **애굽의 왕 바로는 모세가 전하는 하나님의 말씀을 듣지 않았습니다. 오히려 바로는 어떻게 반응하였습니까?(출 5:2, 6-11)**

Dig 말씀으로 살펴보기

바로의 학대는 하나님에 대한 선전포고와 다름없었습니다.

하나님은 그같은 바로를 다루셔야 했는데, 그것이 재앙이었습니다.

여기서 우리가 알아야 할 것은 재앙에 대한 이해입니다.
단순히 열 번의 재앙은 애굽을 벌하는 데 목적이 있지 않습니다.
겉으로 볼 때는 그런 것처럼 보이지만 실제로 애굽의 바로가 하나님과 싸운 것은 일종의 신들의 전쟁 같은 것이었습니다.

재앙의 종류	해당 구절	애굽의 우상 이름
나일 강이 피로 바뀜	출애굽기 7:14-24	나일 강의 신 하피(Hapi)
개구리	출애굽기 8:1-15	개구리 머리를 한 신 헤크트(Hegt)
이	출애굽기 8:16-19	창조의 여신 하돌(Hathor), 혹은 하늘의 여신 눗(Nut)
파리	출애굽기 8:20-32	공기의 신 슈(Shu)
가축의 질병	출애굽기 9:1-7	황소 우상 아피스(Apis)
악성 종기	출애굽기 9:8-12	온역을 진압하는 신 세크멧(Sekhmet)
우박	출애굽기 9:13-35	땅의 신 셉(Seb)
메뚜기	출애굽기 10:1-20	메뚜기로부터 구하는 신 세라피스(Serapis)
어둠	출애굽기 10:21-29	태양신 라(Ra)
장자의 죽음	출애굽기 11:1-10	(?)

Q2. 위의 도표를 보면서 우리는 매우 중요한 사실을 깨닫게 됩니다. 즉 재앙의 의미입니다. 어떻게 이해해야 하는 것입니까?

나일 강이 피로 바뀌는 재앙부터 시작해서 어둠 재앙까지 아홉 번에 걸치는 동안 바로는 이스라엘 백성을 애굽에서 내보내는 것을 허락했다가 거절하기를 반복합니다.

Q3. 하나님이 준비한 마지막 재앙은 애굽의 장자들을 포함한 모든 짐승의 처음 난 것이 죽는 재앙이었습니다. 위의 도표에서 살핀 것처럼 아홉 가지 재앙은 애굽이 섬기는 신들과 관계가 있습니다. 그렇다면 마지막 열 번째 재앙은 애굽의 무엇을 주관하는 신과 관계가 있는 것입니까?

Q4. 여기서 알아야 할 매우 중요한 것 중의 하나는 하나님이 이 재앙을 통하여 알리고자 한 것입니다. 무엇입니까?(출 8:22; 9:14, 29)

재앙이 계속되면서 이스라엘은 당연히 하나님의 존재를 깊이 깨닫게 됩니다.
놀라운 것은 애굽인들도 인정하기 시작하였다는 것입니다.
애굽인들 중에도 반응하는 사람들이 생기기 시작하였습니다.

Q5. 그렇다면 이스라엘 백성이 아닌 애굽인이 모세가 내리는 재앙에서 벗어날 수 있었습니까? 출애굽기 9장 20-21절에는 우박 재앙이 있을 때 일부 애굽인들의 반응이 있습니다. 모세의 말을 따른 사람들이었습니다. 그들은 그 재앙에서 벗어날 수 있었습니까?

분명히 열 번의 재앙을 통해서 드러내려고 한 하나님의 의도는 "하나님만이 유일한 신이시다"는 메시지였습니다. 비록 애굽인이라 할지라도 누구든지 하나님을 인정하면 구원받을 수 있었다는 뜻입니다.

Q6. 이것을 증명하는 또 다른 내용이 있습니다. 그것은 출애굽 사건이 단순히 이스라엘만의 출애굽이 아니었다는 사실입니다. 그렇다면 애굽인도 출애굽 대열에 참여할 수 있었습니까?(출 12:37-38)

Reflect
내 삶에
적용하기

출애굽 사건은 단순히 하나님이 이스라엘 백성만을 구하는 것이 목적이 아니라
하나님이 모든 민족의 하나님임을 알게 하는 것이었습니다.

Q7. 하나님이 "모든 민족의 하나님", "모든 사람의 하나님"이라는 사실에 동의한다면 우리는 어떤 태도로 살아야 하겠습니까?

DO IT 세상과 함께하라

언제부터인가 교회는 지나치게 개교회 중심적으로 변한 것이 사실입니다.
이웃 교회와 함께해야 하고, 세상과도 함께해야 하는데 말입니다.

Q1. 한번 계획을 세워 봅시다.
우선 이웃 교회와 함께할 연합적인 일들이 무엇이 있는지 살펴보십시오.

Q2. 세상과 함께할 수 있고, 나눌 수 있고, 섬길 수 있는 일들은 어떤 것이 있는지 살펴보시고 그것을 실행하는 계획을 세워 보십시오.

* 주일 예배 말씀 *

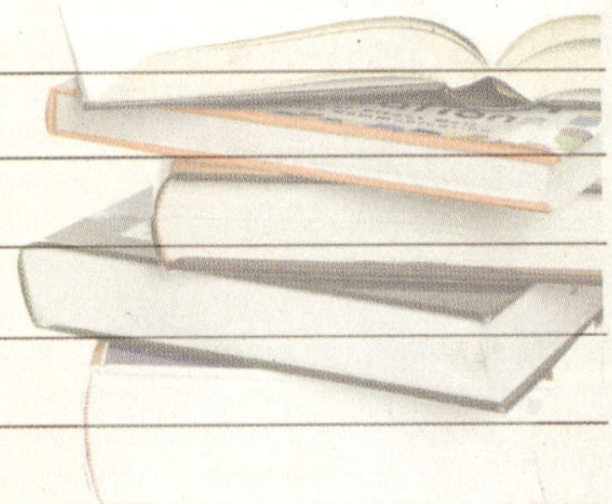

2과 Quiz

Q1. 열 가지 재앙은 어떤 의미가 있습니까? 무엇과의 전쟁이었습니까?

Q2. 하나님이 이 재앙들을 통하여 알리고자 한 것은 무엇입니까?

3 믿음의 행진

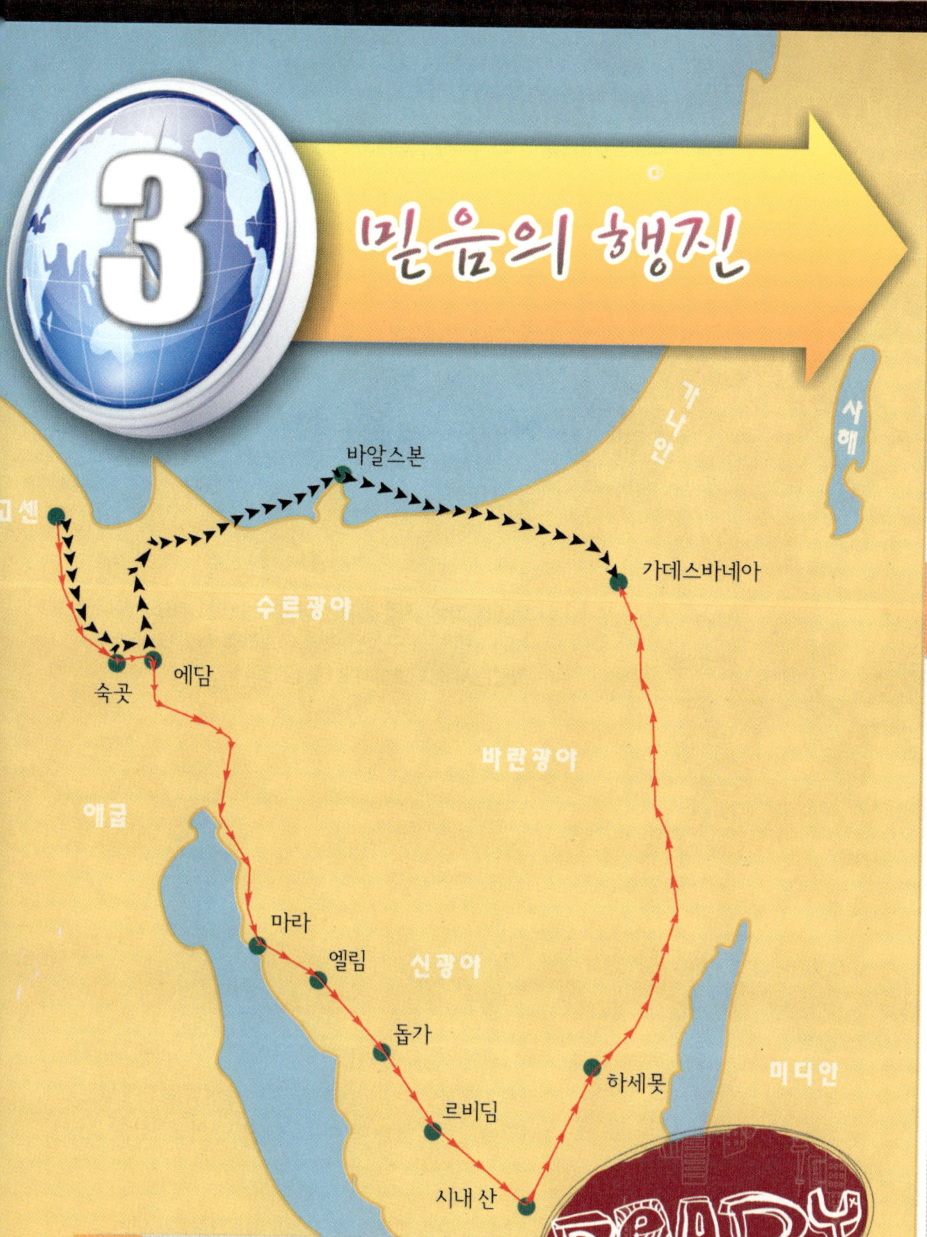

READY

아, 출애굽

Q1. 지도에 보이듯 가나안 땅에 이르는 지름길은 블레셋 사람의 땅을 통과하는 길(작은 화살표)이었습니다. 하지만 그들은 시내 광야를 지나는 남쪽 우회도로(큰 화살표)를 이용합니다. 왜 그런 것입니까?(출 13:17)

KNOW

행진, 행진, 행진

open 마음열고 생각하기

이스라엘 민족이 애굽 땅을 나올 때 전쟁에 참여할 수 있는 장정만 60만 명이었습니다. 여기에 여자와 아이들을 포함한다면 200-300만 명 정도의 인원이라 할 수 있습니다.

Q1. 애굽을 떠날 때의 정확한 장정의 수(민 1:46)와 출애굽하던 사람들의 구성원 중에 이스라엘 사람 외에 누가 있었는지 살펴보십시오.(출 12:38)

Dig 말씀으로 살펴보기

하나님께서는 구름 기둥과 불 기둥으로 이스라엘 백성이 강제 노동하던 라암셋, 숙곳을 지나 광야의 접경에 있는 에담에 장막을 쳤을 때부터 보호하시며 인도하셨습니다.

Q2. 구름 기둥과 불 기둥이 이스라엘에게 어떤 역할을 하였는지 써 보십시오.(출 13:21)

이스라엘 민족이 에담을 떠나 홍해를 바라보면서 비하히롯 바닷가에 장막을 쳤을 때 그들은 애굽 군대의 맹렬한 추격 소식을 듣게 됩니다. 또한 설상가상으로 그들 앞에는 홍해 바다가 놓여 있었습니다. 이런 상황에 놓이자 이스라엘 백성은 불평하면서 모세를 원망하기 시작합니다. 그들의 원망은 정말 절박했습니다.

> "애굽에 매장지가 없어서 당신이 우리를 이끌어 내어 이 광야에서 죽게 하느냐" (출 14:11)

Q3. 이렇게 모든 백성이 희망을 잃고 원망하고 있을 때 모세는 어떤 태도를 취하였습니까? (출 14:13-14)

Q4. 만일 우리가 이처럼 절망적인 상황을 만난다면 어떤 태도를 취하겠습니까? 최근 자신에게 있었던 절망적인 상황 속에서 어떤 태도를 취했는지 생각해 보십시오.

물론 모세는 하나님의 음성을 좇아 하나님을 신뢰하는 태도를 취하고 그냥 가만히 있어야 했습니다. 여기서 '가만히 있으라' 는 말씀은 아무런 행동도 취하지 말라는 뜻입니까? 그랬습니까?

Q5. 우리는 보통 모세가 지팡이를 들어 바다 위로 내밀자 바다가 갈라진 것으로 생각합니다. 하지만 모세가 지팡이를 들어 바다 위로 내미는 것보다 먼저 백성이 행동해야 하는 것이 있었습니다. 무엇입니까?(출 14:15-16)

Q6. 만일 이스라엘이 바다 위로 발을 내밀지 않았다면 홍해가 갈라지는 기적은 없었을지도 모릅니다. 그렇다고 누구든지 발을 바다 위로 내밀면 바다가 갈라지는 것입니까? 그렇지 않습니다. 어떻게 해야 우리의 행진이 바다를 갈라지게 하는 기적이 되는 것입니까?

Reflect 내 삶에 적용하기

"만일 형제나 자매가 헐벗고 일용할 양식이 없는데
너희 중에 누구든지 그에게 이르되
평안히 가라, 덥게 하라, 배부르게 하라 하며
그 몸에 쓸 것을 주지 아니하면 무슨 유익이 있으리요
이와 같이 행함이 없는 믿음은 그 자체가 죽은 것이라"(약 2:15-17)

Q7. 나의 믿음은 어떤 믿음입니까?
행동이 있는 믿음입니까?
아니면 말뿐인 믿음입니까?
왜 기적이 없는 것입니까?

DO IT 꿈꾸면 행동하라

중국 내지 선교의 아버지 허드슨 테일러는 중국 선교의 꿈을 꾸는 순간부터 중국인의 복장과 머리를 하고 중국 음식을 먹고 중국인처럼 행동하였습니다.

그때 이미 허드슨 테일러의 중국 선교는 시작된 것입니다.

Q1. 자신이 꿈꾸는 비전을 생각해 보고 비전을 적어 보십시오.

Q2. 내가 꿈꾸는 비전을 이루기 위해 지금 할 수 있는 것들이 무엇이 있는지 적어 보십시오.
그리고 행동으로 당장 옮길 수 있는 것은 무엇인지를 체크해 보십시오.

	비전을 이루기 위해 지금 할 수 있는 것	행동가능?
1		o,x
2		o,x
3		o,x
4		o,x
5		o,x
6		o,x
7		o,x
8		o,x

* 주일 예배 말씀 *

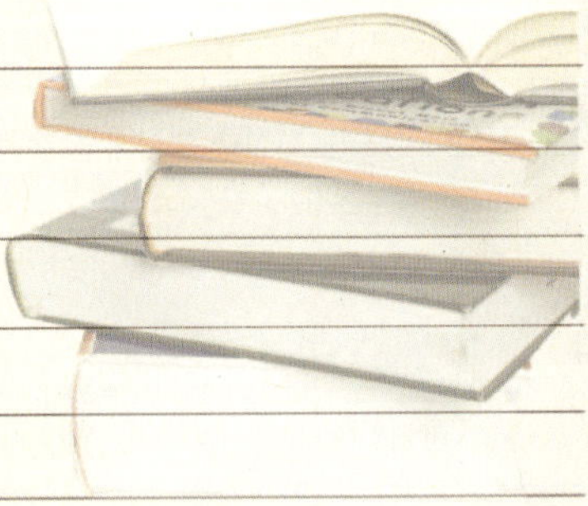

3과 Quiz

Q1. 구름 기둥과 불 기둥의 역할은 무엇이었습니까?

Q2. 모세가 지팡이를 들어 바다 위로 내미는 것보다 먼저 백성들이 행동해야 하는 것이 있었는데 무엇입니까?

4 만나와 다른 시각

READY

홍해를 건너다!

Q1. 홍해를 건너다! 상상할 수 없을 만큼 멋있고 흥분된 일이었을 것입니다. 만일 내가 그곳에 있었다면 어떤 반응을 보였을 것 같습니까?

KNOW 만나를 먹으면서 생각할 것

마음열고 생각하기

홍해를 건넌 이스라엘의 그 흥분은 상상할 수 없을 만큼 컸습니다. 그 후 이스라엘은 수르 광야로 들어서서 사흘이 지난 후 마라에 이릅니다. 목이 마른 상황에서 오아시스가 있는 마라에 도착한 것은 기쁨이었지만, 그 기쁨도 잠시였습니다. 마라의 물은 너무 썼습니다. 도저히 마실 수가 없었습니다.

Q1. 곧 이스라엘 백성은 불평하고 원망하기 시작하였습니다. 이같이 원망하는 모습은 문제가 있습니다. 어떤 의미에서 그렇습니까?

Q2. 하나님은 준비하고 계셨습니다. 그곳은 마라에서 불과 11km 정도 떨어진 곳 엘림이었는데, 물이 풍족한 오아시스였습니다. 자, 누가 문제입니까? 하나님입니까? 아니면 온전히 신뢰치 않는 이스라엘 백성입니까?

Q3. 우리도 이스라엘 백성처럼 하나님을 신뢰하지 않고 원망하고 불평할 때가 많습니다. 하지만 하나님께서는 이스라엘을 위해 엘림을 준비해 놓으셨습니다. 하나님이 미리 준비해 놓으신 것을 경험한 일들을 나누는 시간을 가져 보십시오.

이스라엘 백성이 수르 광야를 지나 신 광야에 이른 것은 출애굽한 지 약 한 달째 되던 2월 15일이었습니다. 그때(출 16:1) 그들에게 닥쳐온 것은 식량 문제였습니다. 본래 애굽에서 정착해서 살던 농경 민족이었던 이스라엘 백성에게 유목 민족으로 사는 것은 쉬운 일이 아니었기 때문입니다. 이런 이스라엘 백성을 위하여 하나님이 준비한 것이 만나와 메추라기였습니다.

Q4. 하나님은 매일 아침에 만나를 주셨고, 그들은 만나를 마음껏 먹을 수 있었습니다.
하지만 꼭 지켜야 할 것이 있었습니다. 그것은 무엇입니까?(출 16:16)

Q5. 왜 하나님은 이스라엘 백성에게 이같은 명령을 내리신 것입니까? 먼저 성경이 말하는 표면적인 이유를 찾아 적어 보십시오.(출 16:19-20)

Q6. 이번에는 하나님이 내리신 명령을 경제윤리 관점에서 생각해 보십시오.
특히 오늘날 우리의 현실과 굶주리는 이웃, 북한의 동포, 다른 민족을 비교하여 생각해 보십시오.

Reflect 내 삶에 적용하기

지역마다 약간 다를 수 있지만 2만 원이면 아프리카 아이들의 한 달 생활비가 되고도 남고, 500원이면 르완다 난민에게 일주일치 옥수수죽을 제공할 수 있으며, 3,000원이면 북한 동포에게 한 달치 식량을 제공할 수 있다고 합니다.

Q7. 나의 한끼 식사 비용이나 군것질 비용은 얼마입니까? 어제 하루 동안 내가 먹고 소비했던 것을 돈으로 환산하면 얼마나 될 것 같습니까? 평소 내가 먹고 남기는 것, 내가 쓰고 무심결에 버리는 것, 내가 낭비하는 것들을 돈으로 환산해 보십시오.

① 한끼 식사 비용 또는 군것질 비용

② 평소 자주 구입하여 낭비하게 되는 것들

③ 평소 먹고 남기거나 무심결에 버리게 되는 것들

①+②+③= 원

이런 아이 보셨습니까?

"우리나라에 이런 아이 보셨습니까?
너무 말라서 갈비뼈가 다 드러나는 아이,
매일 물만 먹어서 배만 빵빵해지는 아이!
우리나라 돈 단 100원이라도 있으면
한 아이가 며칠을 부유하게 먹고 살 수 있습니다.
이렇게 아프리카에서는 먹을 것이 없어
허기를 참지 못하고 죽는 아이들이 다수입니다.
그런데 우리나라는 아동 비만, 성인병,
이런 것으로 고민하고 있습니다.
같은 인간인데도, 어쩜 이렇게 다릅니까?
한 나라는 너무 뚱뚱해서 죽고,
한 나라는 너무 말라서 죽고…
참 가슴 아픈 현실입니다." (인터넷에서 발췌한 글)

Q1. 이 세상의 고통당하는 이들, 특히 아이들을 위해 할 수 있는 방법을 찾아보십시오. (컴패션, 월드비전 등)

컴패션 http://www.compassion.or.kr/
월드비전 http://www.worldvision.or.kr/

* 주일 예배 말씀 *

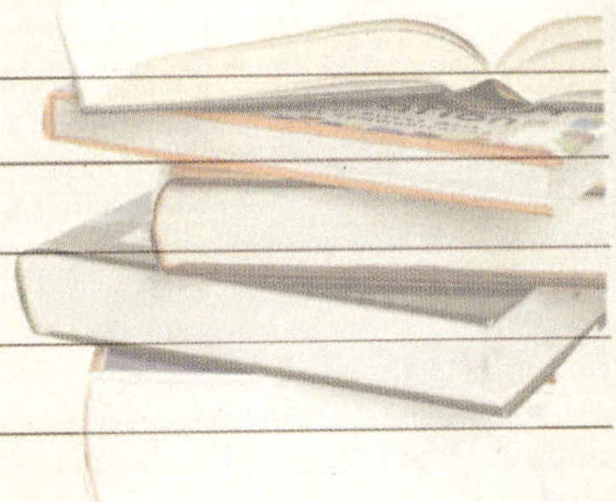

4과 Quiz

Q1. 하나님은 매일 아침에 만나를 주셨고, 그들은 마음껏 먹을 수 있었지만 한 가지 지켜야 할 것이 있었습니다. 그것은 무엇입니까?

Q2. 자신의 한끼 식사비를 생각해 보았습니까? 굶주리는 아이들을 생각할 때 낭비한 측면은 없었습니까?

5 기도하는 친구들

기도, 가장 아름다운 것 READY

Q1. 누군가를 위해 기도할 수 있는 것은 행복입니다. 그리고 나를 위해 기도하는 사람이 있다는 것은 큰 즐거움입니다. 이렇게 기도는 아름답습니다. 누군가를 위해 기도하십니까? 누군가 나를 위해 기도하고 있다는 것을 아십니까?

KNOW

그들의 기도 때문에

open

마음열고
생각하기

이스라엘 민족이 르비딤에 머물러 있을 때 아말렉의 습격을 받습니다. 아말렉 족속은 에서의 아들인 엘리바스의 첩, 딤나에게서 낳은 아말렉 후손(창 36:12, 16)이었습니다. 아말렉과의 전쟁의 선봉장은 여호수아 장군이었습니다. 모세는 아말렉과의 전쟁을 다 볼 수 있는 산꼭대기에 올라갔습니다. 그리고 홍해를 내리쳤던 그 지팡이를 들고서 기도로 지휘하였습니다.

Q1. 그런데 이상한 일이 벌어졌습니다.
그 이상한 일이 무엇인지 출애굽기 17장 8절–11절을 읽고 적어 보십시오.

Dig

말씀으로
살펴보기

모세는 계속 지팡이를 잡은 채 손을 들고 있을 수가 없었습니다. 이때 아론과 훌이 모세를 도왔습니다.

Q2. 출애굽기 17장 12절에 나타난 아론과 훌의 행동을 직접 그림으로 그려 보십시오.

참 이상한 현상입니다. 모세의 손이 내려오지 않게 모세의 손을 지탱해 주는 아론과 훌 때문에 전쟁은 승리하였습니다. 분명 이상한 현상이지만 우리는 하나님의 일하시는 방법을 알게 됩니다. 예수님 당시에도 유사한 일은 많이 벌어졌습니다. 예를 들어 전혀 움직이지 못하는 중풍병자를 침대에 누인 채로 들고 온 친구들을 바라보시면서 주님이 고치시는 장면이 있습니다. 주님이 하신 말씀을 읽어 보십시오.

"예수께서 그들의 믿음을 보시고 중풍병자에게 이르시되
작은 자야 네 죄 사함을 받았느니라"(막 2:5)

Q3. 중풍병자의 병이 나은 것은 누구의 믿음 때문이었습니까?

예수님이 가버나움에 계실 때였습니다. 한 백부장이 예수님께 나와서 자기 하인의 중풍병을 고쳐 달라고 부탁하였습니다. 그때 예수님이 "내가 가서 고쳐 주리라"(마 8:7)고 말씀하셨지만 백부장은 이렇게 대답하였습니다.

"주여 내 집에 들어오심을 나는 감당하지 못하겠사오니
다만 말씀으로만 하옵소서 그러면 내 하인이 낫겠사옵나이다"(마 8:8)

예수님은 백부장의 믿음을 보시고 "네 믿은 대로 될지어다"고 말씀하셨고 "그 즉시 하인이 나으니라"(마 8:13)고 기록하고 있습니다.

Q4. 백부장 집 하인의 병이 나은 것은
누구의 믿음 때문이었습니까?

아말렉과의 전쟁은 여호수아만 하는 것이 아니었습니다.

여호수아의 승리에는 모세의 기도가 있었고,

모세가 계속 기도할 수 있었던 것은 아론과 훌 때문이었습니다.

바로 중보기도의 능력이었습니다.

Q5. 우리는 현실적 필요를 당장 채워 주는 사람들이 나의 가장 소중한 친구들처럼 느껴집니다. 하지만 사실은 나를 위해 기도하는 사람들이 더욱 소중한 사람들입니다. 나를 위해 기도하는 사람들이 있습니까? 누구인지 알고 있으면 그 이름을 적어 보십시오.

Q6. 만일 자신을 위해 기도하는 친구들이 없다면 지금 나를 위해 기도할 수 있는 친구의 이름을 적어 보고, 기도 후원자가 되어 달라고 부탁해 보십시오.

Reflect 내 삶에 적용하기

Q7. 하지만 먼저 자신이 누군가를 위한 중보기도자가 되십시오. 누구의 중보기도자가 되겠습니까? 그 사람의 이름을 적어 보십시오.

DO IT 나의 기도 친구

"우리가 일하면 우리의 노력으로 끝나지만
우리가 기도할 때 하나님께서 일하신다"

"when we work we work
but when we pray God works."

(조지 버워 전 오엠 국제총재)

Q1. 나를 위해 기도하는 친구 두 사람을 찾으십시오.
그리고 자신과 그 친구들의 사진을 붙여 보십시오.

* 주일 예배 말씀 *

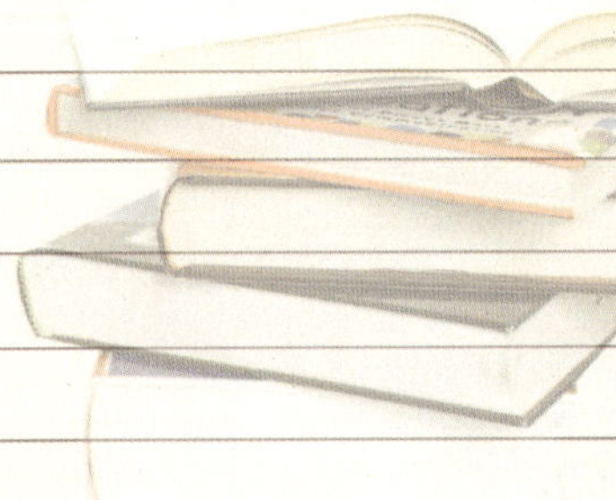

5과 Quiz

Q1. 아말렉과의 전쟁에서 승리하는 것은 모세의 기도와 관계가 있습니다. 모세는 어떻게 계속 기도할 수 있었습니까?

Q2. 지난 주간 자신이 기도하기로 한 친구를 위해 기도하셨습니까?

6 사명을 따라 살아야 한다

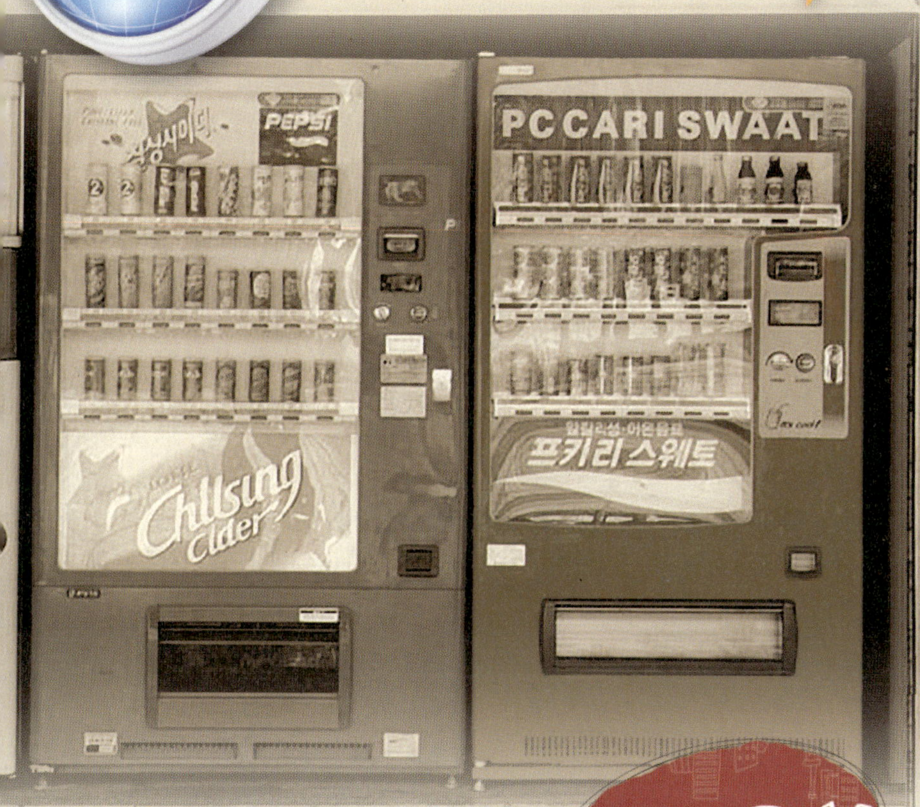

READY

자판기 하나님

Q1. 동전이나 지폐를 넣으면 내가 원하는 음료수가 나오는 것처럼 하나님 역시 내가 원하는 소원을 들어주시는 분으로 생각하고 있지는 않습니까?

KNOW

오직 자기를 위하여

open 마음열고 생각하기

출애굽한 후 이스라엘 민족이 시내 산 광야에 이르렀을 때입니다. 모세는 하나님의 부르심을 받고 시내 산 꼭대기로 올라갑니다. 모세는 그곳에 40일 동안 있으면서 하나님으로부터 돌비에 새긴 십계명을 받습니다.

그런데 문제는 시내 산 아래 이스라엘 백성이었습니다. 자신들의 지도자 모세가 내려오지 않자 불안해진 것입니다. 그래서 백성은 모세의 형 아론에게 자신들을 인도해 낼 하나님을 만들라고 요청하였습니다.

"우리를 위하여 우리를 인도할 신을 만들라"(출 32:1)

Q1. 이스라엘 백성이 요청한 이 말의 뜻은 무엇이라고 생각하십니까?

Dig 말씀으로 살펴보기

아론은 백성의 요청을 따라서 신을 만들었습니다. 그 모습은 금으로 만든 송아지 모습이었습니다.

Q2. 그들이 요청해서 아론이 만든 신 금송아지는 여호와 하나님과는 어떤 관계입니까? 성경 말씀을 찾아서 자세히 읽고 위 질문에 답을 적으십시오.(출 32:4-6)

Q3. 다시 묻겠습니다. 이스라엘 백성은 자신들이 만든 금송아지가 여호와 하나님이라고 생각했습니다. 그렇다면 하나님은 어떻게 생각하십니까? 그같이 만든 금송아지를 하나님 자신이라고 인정하십니까?(출 32:7–10)

도대체 이스라엘 백성은 왜 이같이 엄청난 죄를 하나님께 범한 것입니까?
하나님은 그 이유를 매우 정확하게 지적하셨습니다.

"내가 그들에게 명령한 길을 속히 떠나
자기를 위하여 송아지를 부어 만들고
예배하며... 너희 신이라 하였도다"(출 32:8)

그 이유는 바로 "자기를 위하여" 때문이었습니다.
다른 말로 하면 "자기 마음대로" "자기 뜻대로"란 의미일 것입니다.

Q4. 혹시 나도 내 뜻대로만 하나님이 소원을 들어주시길 원한 적은 없습니까?
그렇게 소원을 이루어 달라고 구하는 것이 기도의 전부라고 생각한 적은 없습니까?
솔직하게 나눠 보십시오.

Q5. 하나님은 "자기를 위하여" 말고도 또 다른 이유가 있음을 말씀하셨습니다. 8절을 자세히 읽고 나머지 하나가 무엇인지를 찾아보십시오.(출 32:8)

Q6. 나머지 하나를 찾았다면 그것의 내용은 무엇입니까? 하나님이 모세에게! 말한 내용을 중심으로 생각해 보십시오.(출 19:5-6)

Reflect

내 삶에 적용하기

이스라엘 백성의 문제는 하나님의 명령을 떠난 삶에서 시작된 것이었습니다. 명령 곧 비전을 잃어버렸을 때 그들은 하나님을 생각하지 않고 "자기를 위하여" 사는 존재가 되고 만 것입니다.

Q7. 자신의 경우를 생각해 보십시오. 만일 자신이 오로지 "자기를 위하여" 사는 삶에 관심이 있다면 그 이유가 하나님으로부터 오는 비전이 없기 때문은 아닙니까? 어떻습니까?

DO IT 비전은 있습니까?

비전을 잃어버리면,

하나님의 부르심을 알지 못하면 오로지 자신만을 위해 살게 된다는 것은
이스라엘 백성의 모습을 보면서 알 수 있습니다.
더 쉽게 말해서 가는 목적과 방향을 잃어버리면 계속 방황하게 되고
그때는 가장 확실해 보이는 자신만을 위해 사는 삶을 살 수밖에 없는 것이 당연합니다.

Q1. 점검해 보십시오. 비전이 있습니까? 있다면 적어 보십시오.

Q2. 비전이 있을지라도 그 비전을 이루기 위해 살고 있지 않다면 곧 잊힐지도 모릅니다. 그런 의미에서 비전을 이루기 위해 나는 노력하고 있다고 생각하십니까? 구체적으로 어떻게 노력하고 계십니까?

* 주일 예배 말씀 *

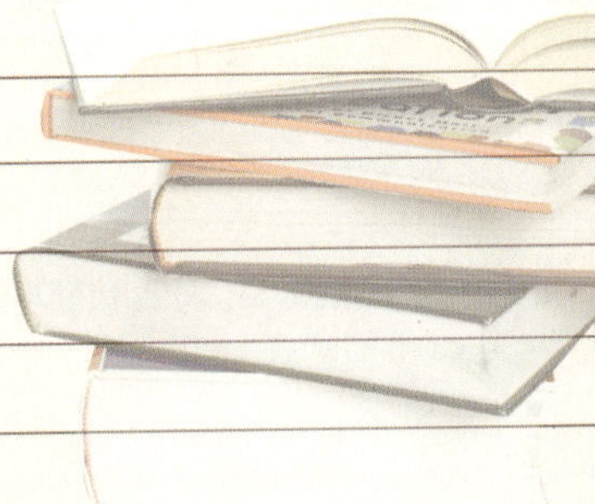

6과 Quiz

Q1. 이스라엘이 만든 금송아지를 보면서 하나님은 어떤 태도를 보이셨습니까?

Q2. 왜 이스라엘은 금송아지를 만들었습니까?

7 민족을 품은 지도자

READY

만일 없었다면?

이순신

만일 이순신 장군이 없었다면?

만일 종교개혁가들이 없었다면?

요한 웨슬리

쯔빙글리

마틴 루터

토마스

아펜젤러

언더우드

만일 초기 한국 선교사들이 없었다면?

KNOW 목숨을 걸다

open 마음열고 생각하기

모세가 하나님과 함께 시내 산에 있는 동안 이스라엘 백성은 금송아지를 만들어 여호와 하나님으로 여겼습니다. 하나님은 그 모습을 보면서 극도로 분노하셨습니다. 출애굽기 32장에 나오는 하나님과 모세의 대화를 오늘에 맞게 다시 재구성하였습니다.(출 32:7-13 재구성)

하나님 :
"당장 이 산을 내려가라. 네가 이집트에서 낸 네 백성이 끔찍한 죄를 짓고 있다." ❶

모세 :
"무슨 말씀이신지" ❷

하나님 :
"네 백성이 금송아지를 만들어 나를 모독하고 있다. 그 금송아지를 자신들을 인도해 낸 바로 나 여호와라고 말하며 예배하고 있다." ❸

모세 :
"그럴 리가 있겠습니까?" ❹

하나님 :
"이 완악한 백성을 가만히 둘 수가 없다. 나는 그들을 멸망시키겠다. 너를 통하여 다시 새로운 민족을 일으키는 것이 좋을 것 같다." ❺

모세 : "안됩니다, 하나님.
그 백성은 하나님의 백성입니다.
하나님께서 크신 능력과 힘으로 이 백성을 이집트에서 인도해 내시지 않으셨습니까? 그런데 만일 멸망시키시면 세상 사람들이 비웃을 것입니다. 노여움을 거둬 주십시오. 예전 아브라함과 이삭에게 하신 말씀을 기억해 주십시오. 하늘의 별처럼 자손을 많게 하겠다고 말씀하시지 않으셨습니까? 하나님이 맹세하셨습니다. 잊으셨습니까? 제발 그 진노를 거둬 주십시오." ❻

Q1. 이 기막힌 하나님과 모세의 대화를 보면 모세의 언어는 불경스러워 보입니다. 모세 앞에 계신 분은 전지전능한 하나님이시기 때문입니다. 그런데 하나님은 어떻게 반응하셨는지 아십니까? (출 32:14)

Dig 말씀으로 살펴보기

하나님은 놀랍게도 모세의 요청을 들으시고 진노를 거두셨습니다. 그렇다면 하나님이 진노를 거두신 것은 모세가 하나님을 잘 설득했기 때문입니까?(이하 참조: 하정완, 이기주의자가 되라, 나눔사, 13-17)

이 이야기는 이 정도로 끝나지 않습니다. 하나님을 설득했다고 생각한 모세가 의기양양하게 산을 내려오다가 자신의 백성이 금송아지를 만들고 춤추며 그것을 예배하는 모습을 보게 됩니다. 그제서야 모세는 하나님이 화내신 이유를 깨닫습니다.

Q2. 그때 모세는 어떻게 행동하였습니까?(출 32:19-28)

Q3. 여기서 우리는 매우 중요한 질문을 던질 수밖에 없습니다. 금송아지를 만들고 그것을 하나님이라고 부르며 난장판을 벌일 때 하나님이 진노를 거두신 이유에 대한 질문입니다. 하나님은 얼마든지 이스라엘을 멸할 수도 있었습니다. 그런데 그렇게 하지 않았습니다. 왜 그렇게 하신 것입니까?

이제야 모세는 심각한 상황임을 알았습니다. 자신이 하나님께 무슨 짓을 했는지 깨닫습니다. 모세는 다시 하나님께 나아갑니다. 하나님께 기도합니다. 기막힌 기도였습니다.

Q4. 모세가 하나님께 드린 기도를 적어 보십시오.(출 32:32)

Q5. 모세는 지금 이스라엘 백성의 목숨을 자신의 목숨처럼 생각하고 있습니다. 모세와 같이 자신의 목숨을 걸고 기도할 수 있겠습니까? 아니, 가족을 위해서 혹은 교회를 위해서 혹은 누군가를 위해 목숨 걸고 기도할 수 있습니까?

분명히 이스라엘은 엄청난 실수, 금송아지로 하나님을 대신하는 가장 악한 죄를 범하였습니다. 하나님은 매우 타당한 이유로 이스라엘의 진멸계획을 피력하셨습니다. 모세는 순종하고 따르는 것이 마땅하였습니다. 이것이 정답입니다. 하나님의 뜻이기 때문입니다. 그랬다면 이스라엘은 더는 존재하지 않았을 지도 모릅니다. 그런데 모세는 정답대로, 순리대로 움직이지 않았습니다. 그리고 하나님도 이같은 모세의 뜻을 받아들였습니다.

Reflect 내 삶에 적용하기

Q6. 이같은 하나님의 모습을 보면서 무슨 생각이 드십니까?

DO IT 내가 품고 있는 것은 무엇일까?

사람의 크기는 가슴에 무엇을 품고 있는가와 관계 있습니다. 모세처럼 민족을 품고 있으면 민족적인 지도자가 될 것이고, 교회를 품으면 교회적인 지도자가 될 것입니다.

우리가 품고 있는 크기에 따라 하나님은 우리를 쓰시기 때문입니다.

Q1. 솔직하게 적어 보십시오. 내가 품고 있는 것은 무엇입니까? 고작 자기 자신만을 생각하고 있지는 않습니까?

Q2. 만일 자기 자신만을 생각하고 있다면 의도적으로라도 넓은 마음으로 품어야 할 것입니다. 친구를 품고, 이웃을 품고, 교회를 품고, 한국을 품고, 북한을 품고, 세상을 품어야 할 것입니다. 자신의 다짐을 아래에 적어 보십시오. 무엇을, 누구를 가슴에 품으시겠습니까?

* 주일 예배 말씀 *

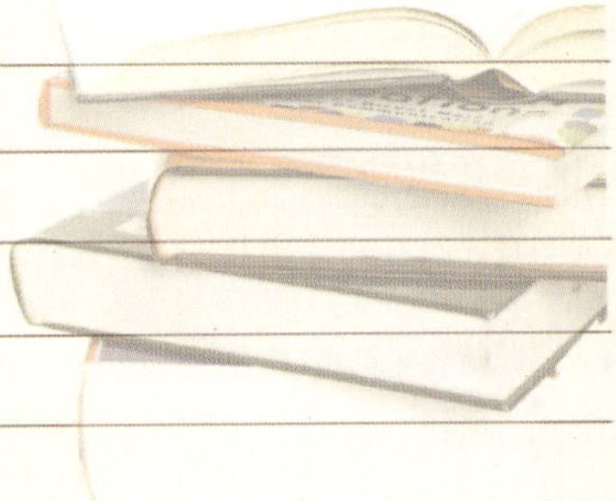

7과 Quiz

Q1. 금송아지 때문에 하나님이 진노하셨습니다. 그때 하나님의 진노로부터 이스라엘 백성이 살 수 있었던 것은 누구 때문입니까?

Q2. 모세처럼 민족을 위해 기도해 보셨습니까?

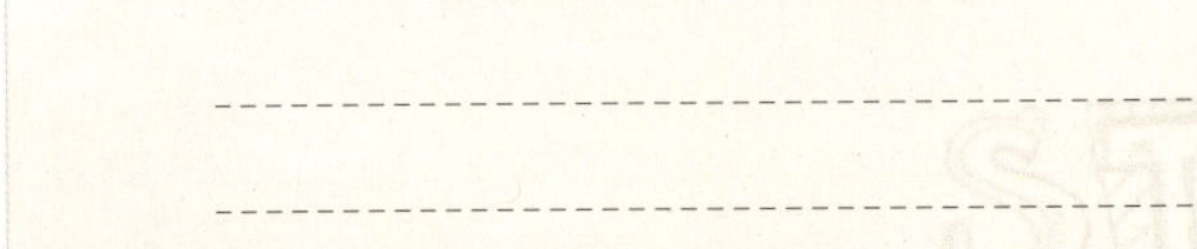

8 선두에 서라!

다음의 글은 갤럽사의 국제 활동 이사인 톰 래스(Tom Rath)라는 청년의 글입니다. 그는 지금도 온몸에 악성 종양이 시시때때로 발견되는 유전적 희귀병을 앓고 있는 상태입니다.

"내가 열여섯 살이 되었을 때, 큰 시련에 부딪치게 되었다. 왼쪽 눈의 시력이 나빠지기 시작한 것이다. 의사는 내 눈에서 몇 개의 종양을 발견하고는 여러 번 수술을 했다. 1년 후, 나는 왼쪽 눈의 시력을 완전히 잃어버렸다. 엎친 데 덮친 격으로, 이런 상태는 악성 종양이 온몸으로 퍼질 수도 있는 '유전적 이상 징후'를 나타내는 것이었다. DNA 검사 결과, 나에게 폰 히펠-린다우 증후군이 있다는 것이 확실해졌다. 종양이 췌장, 신장, 고막, 부신, 뇌 척추 등에 사전 경고 없이 나타날 수 있는 것이었다."

한 청년의 태도 READY

Q1. 만일 내가 이같은 상황이라면 무엇이라고 말하겠습니까? 한 마디로 적어 보십시오.

KNOW 다른 시각

마음열고 생각하기

폰 히펠-린다우 증후군을 앓다가 암으로 왼쪽 눈을 완전히 잃었지만 톰 래스는 불안감이나 걱정이 없었습니다. 우울해 하지도 않았습니다. 이런 상황에 대해 가족들은 "부정적인 얘기를 하기보다는 어떤 일을 '할 수 있는가' 에 초점을 맞추었다"고 말해 주었습니다. 이같은 가족들의 태도는 톰 래스에게 좋은 영향을 끼쳤습니다. 그는 이렇게 기록하였습니다.

"내 상태에 대해 알게 된 첫 일주일 동안은 이 병을 제대로 관리하고 병과 함께 더불어 살아갈 수 있는가 그 방법을 찾는 데 몰두했다.

친구들이 왼쪽 눈의 시력에 대해 물어보기라도 하면, 나는 즉시 오른 쪽 눈의 시력이 2.0 으로 보통보다 훨씬 좋다고 말해 주었다."

(도널드 클리프턴, 톰 래스, 「당신의 물통은 얼마나 채워져 있습니까?」, 해냄, 101-102)

Q1. 앞의 질문에 무엇이라고 대답하셨습니까?
만일 톰 래스의 반응이 나와 다르다면 어떤 점이 다릅니까?

Dig 말씀으로 살펴보기

이스라엘 민족이 시내 광야에서 11개월을 머물고, 출애굽한 지 2년 2월 20일이 되던 날 하나님의 구름 기둥이 증거막 위로 오르자 가나안 땅을 향해 출발합니다.(민 10:11) 드디어 이스라엘 백성이 기브롯핫다아와를 떠나 하세롯과 에시온게벨을 거쳐 도착한 곳은 바란 광야에 있는 가데스로 가나안 땅에 인접한 곳이었습니다.
그곳에서 모세는 각 지파에서 족장 한 사람씩을 취하여 가나안 땅을 정탐하게 합니다.
열두 명은 가나안 땅 헤브론을 정탐하고 40일 만에 돌아옵니다.

Q2. 여호수아와 갈렙이 가나안 땅과 거민들을 바라보는 시각은 어떠하였고, 열 지파 족장들의 시각은 어떠했습니까?

여호수아와 갈렙(민 13:30):

열 지파 족장들(민 13:31-33):

Q3. 가나안 땅이라는 똑같은 상황을 놓고 왜 이런 시각의 차이가 생기는 것입니까? 톰 래스의 경우를 생각하면서 우리에게도 그런 경우가 있었다면 그 이유가 무엇이었는지 함께 나눠 보십시오.

Q4. 여호수아와 갈렙은 열 지파 족장들과 전혀 다른 태도를 취했습니다. 이렇게 외쳤습니다. "그들은 우리의 밥이라"(개역한글/민 14:9) 도대체 이같은 담대함은 어디에서 나오는 것입니까? 이같은 시각은 무엇에 기초한 것입니까?(민 14:9)

Q5. 또 한 가지 중요한 것은 어떤 시각이든지 그 시각은 다른 사람들에게 영향을 준다는 사실입니다. 당연히 열 지파 족장들의 의견은 대다수 이스라엘 백성에게 영향을 끼쳤습니다. 백성은 어떻게 반응하였습니까?(민 14:1-4)

Reflect 내 삶에 적용하기

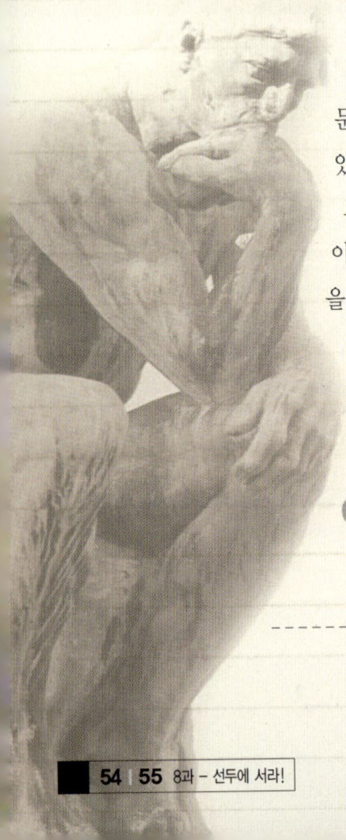

"온 회중이 소리를 높여 부르짖으며 백성이 밤새도록 통곡하였더라"(민 14:1)

이토록 강력하게 백성이 반응한 이유는 10명의 족장들이 지도자들이었기 때문입니다. 여기서 우리는 누가 앞에 서 있는가가 얼마나 중요한지를 깨달을 수 있습니다. 10명이 수백만 명의 마음을 움직였기 때문입니다.

그러므로 우리가 열심히 공부하고 노력하여 이 세상을 살 때 선두에 서야 하는 이유가 여기에 있습니다. 영향력 때문입니다. 그러나 더 중요한 것은 어떤 생각을 갖고 있는 지도자인가입니다. **열심히 공부하는 것보다 더 중요한 것은 어떤 정신으로 공부하느냐 하는 것입니다.**

Q6. 자신에게 물어 보십시오. 톰 래스와 이스라엘 백성의 경우를 보면서 나는 어떤 정신을 갖고 있는가를 생각해 보십시오.

DO IT

선두론(先頭論)

이 도시는 난폭한 운전을 하는 사람들이 많은 곳입니다.
특히 횡단보도 앞에서 신호를 무시하고 달리는 차들이 많았습니다.
학교 앞이라도 소용이 없었습니다.
아이들을 학교로 보내는 것이 늘 엄마들의 걱정이었습니다.
그런데 그날은 난폭하게 달리던 자동차들이 꼼짝없이 서 있었습니다.
그들 선두에는 신호를 준수하는 두 대의 차가 나란히 있었기 때문입니다.

Q1. 옳은 지도자가 선두에 서 있으면 세상은 새로워질 수 있습니다. 다시 한번 묻습니다.
만일 내가 지도자가 된다면 어떤 지도자가 될 것 같습니까? 바른 정신을 가지고 있습니까?

* 주일 예배 말씀 *

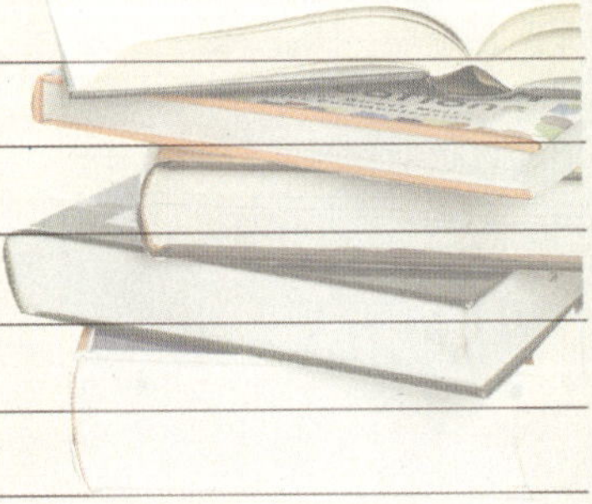

8과 Quiz

Q1. 여호수아, 갈렙과 달리 열 지파 족장들은 가나안 땅 정탐 후 어떤 반응을 보였습니까?

Q2. 열 지파 족장들과 달리 여호수아와 갈렙이 보인 담대함은 어디에서 나온 것입니까?

9 나는 하나님의 사람인가?

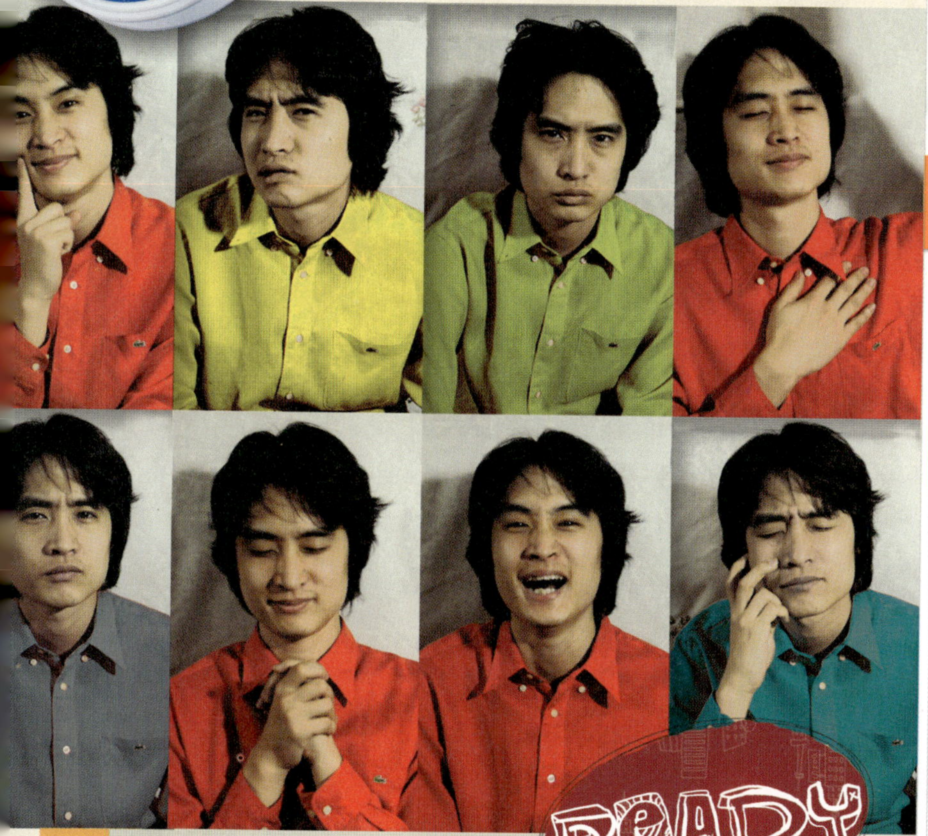

READY

어느 쪽이 자연스러운가?

Q1. 나는 어떤가? 화를 내고 불평하는 모습이 자연스러운가?
아니면 감사하거나 웃는 모습이 자연스러운가?

KNOW

목숨을 걸다

open 마음열고 생각하기

이스라엘이 광야에서 보냈던 40년 세월! 그 이유는 여호수아와 갈렙을 포함한 열두 지파 족장들이 가나안 정탐을 마친 후 여호수아와 갈렙 외에 나머지 족장들은 자신들의 모습이 "메뚜기" 같았다는 평가를 한 것이 시작이었습니다. 이같은 평가는 백성에게 지나친 호들갑을 떨도록 하였는데, 이미 하나님을 믿는 백성의 모습이 아니었습니다.

그 날 밤, 모든 백성이 큰 소리로 울기 시작했습니다. 모든 이스라엘 백성이 모세와 아론에게 불평했습니다. 모든 백성이 그들에게 말했습니다. "우리가 이집트에서 죽었거나 광야에서 죽었더라면 더 좋았을 것이오. 여호와께서는 왜 우리를 이 땅으로 인도해서 칼에 맞아 죽게 하는 거요? 우리 아내와 자식들은 잡혀 가고 말 것이오. 차라리 이집트로 돌아가는 것이 좋겠소."(쉬운성경/민 14:1-3)

Q1. 이같이 한심한 백성에게 하나님은 40년 동안 광야생활을 하게 하였습니다. 40년이란 세월은 어떤 근거로 정한 것입니까?(민 14:34)

40

Dig 말씀으로 살펴보기

40년 광야생활! 이스라엘 백성은 훈련받았습니다. 물론 우리는 잘 훈련된 이스라엘의 모습을 기대하지만 40년 후에도 마찬가지였습니다. 이스라엘 백성은 여전히 어리석은 행동, 즉 하나님을 신뢰하지 못하는 행동을 합니다. 40년 전 르비딤에서 있었던 것과 똑같은 므리바의 물 사건에서 잘 알 수 있습니다. 이스라엘은 그때와 마찬가지로 물이 없음을 불평합니다. 결국 그들의 불평은 체념과 한탄 그리고 원망의 극치에 이릅니다.

"회중이 물이 없으므로 모세와 아론에게로 모여드니라
백성이 모세와 다투어 말하여 이르되
우리 형제들이 여호와 앞에서 죽을 때에 우리도 죽었더라면 좋을 뻔하였도다
너희가 어찌하여 여호와의 회중을 이 광야로 인도하여
우리와 우리 짐승이 다 여기서 죽게 하느냐"(민 20:2-4)

Q2. 40년 동안 훈련된 새로운 세대임에도 불구하고 이전과 똑같은 모습을 보면서 어떤 느낌을 갖게 됩니까?

이스라엘은 계속 범죄하였습니다.
이스라엘 백성이 가나안 땅을 향해 가다가 에돔 땅을 우회할 때입니다.
백성은 다시 모세와 하나님을 원망하기 시작합니다.

"왜 우리를 이집트에서 데리고 나와서, 이 광야에서 죽게 하는 거요?
여기에는 빵도 없고, 물도 없소. 이 형편없는 음식은 이제 지긋지긋하오."
(쉬운성경/민 21:5)

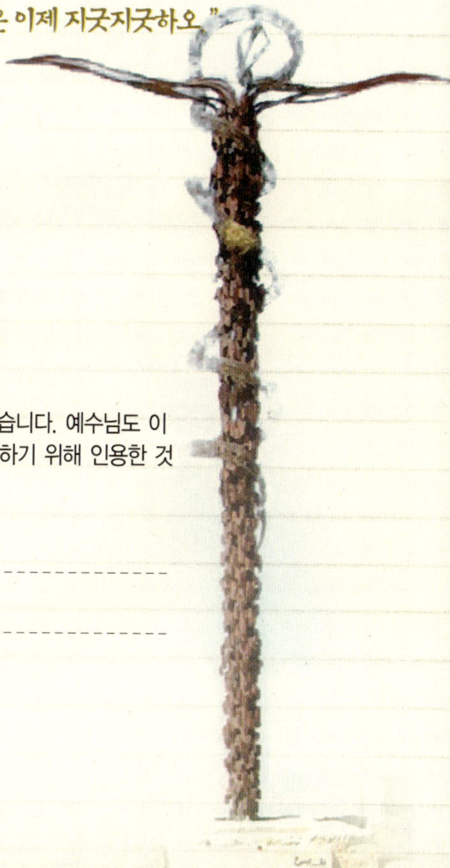

그때 하나님은 불뱀으로 이스라엘을 징계하셨습니다.
물론 이스라엘 백성이 마음을 돌이키고
모세가 기도할 때 장대에 단 놋뱀을 본 자들은
낫는 기적이 일어납니다.

Q3. 놋뱀을 보는 순간 불뱀에 물려 죽어가던 이들이 살았습니다. 예수님도 이 사건을 인용하여 말씀하신 적이 있습니다. 무엇을 말하기 위해 인용한 것이었습니까?(요 3:14-15)

Q4. 우리는 여기서 믿음의 본질에 대하여 생각할 필요가 있습니다. 믿음은 무엇입니까?(히 11:1)

80세에 부름을 받고 난 후 40년 동안 이스라엘 백성을 이끈 모세가 120세가 되었습니다.
모세가 하나님께 자신을 이을 지도자를 세워 달라고 했습니다.

하나님은 그 리더십을 이어받을 사람으로 여호수아를 세우게 하십니다.

가나안 땅으로 진격하기 전의 일이었습니다.

Q5. 하나님이 여호수아를 택하신 이유는 무엇입니까?(민 27:18)

Reflect 내 삶에 적용하기

모세 그리고 여호수아, 언제나 하나님은 사람을 통하여 일하셨습니다.
예수님은 열두 제자를 세우시고 일하게 하셨습니다.
이처럼 하나님의 일하시는 방법은 사람이셨습니다.

그러나 조건이 있었습니다.
그 안에 하나님의 영이 거한 사람이어야 했습니다.

Q6. 나는 어떤 사람인지 자신의 안을 들여다보십시오. 내 안에 하나님의 영이 있다고 생각하십니까?

DO IT 하나님의 영이 거하는 사람

여호수아를 택하시는 것을 보면서 우리는 하나님이 쓰시는 사람이 따로 있음을 알게 됩니다.

무엇보다 **하나님의 영이 거하는 사람**이어야 합니다.

Q1. 다음은 하나님의 영이 거하는 사람들의 특징들입니다.
자신은 몇 개나 해당하는지 O표 하십시오.

1. 하나님의 말씀을 읽는 것이 즐겁다 ( )
2. 큐티를 할 때 하나님의 마음이 느껴진다 ( )
3. 하나님께 기도하는 것이 자연스럽다 ( )
4. 예배할 때 정말 큰 평안과 기쁨이 일어난다 ( )
5. 하나님을 생각하는 것만으로도 행복하다 ( )
6. 이스라엘 백성과 달리 불평보다 감사하는 편이다 ( )
7. 어려운 일이 닥쳐도 하나님을 신뢰하게 된다 ( )
8. 나의 일보다 주님의 일을 먼저 생각하게 된다 ( )
9. 미움이나 싸움, 질투보다 사랑하는 마음이 더 많다 ( )
10. 용서하는 것이 어렵지 않다 ( )

Q2. 어떤 결과가 나왔습니까? 어떤 생각이 듭니까?

* 주일 예배 말씀 *

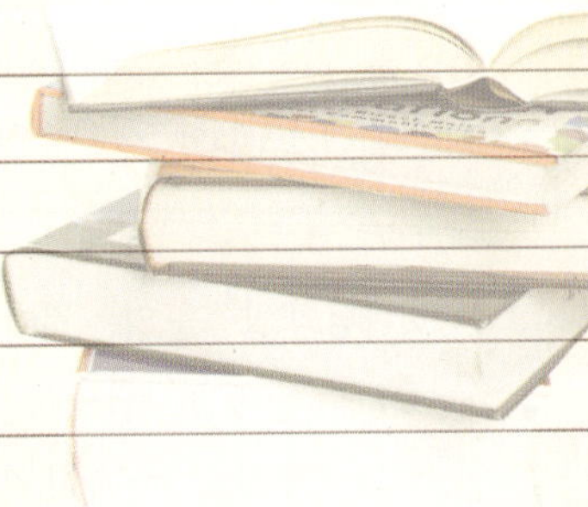

9과 Quiz

Q1. 40년 광야생활을 통해 이스라엘은 변하였습니까?

Q2. 모세 이후 그들의 새로운 지도자는 누구였습니까?

10 네 발에서 신을 벗으라

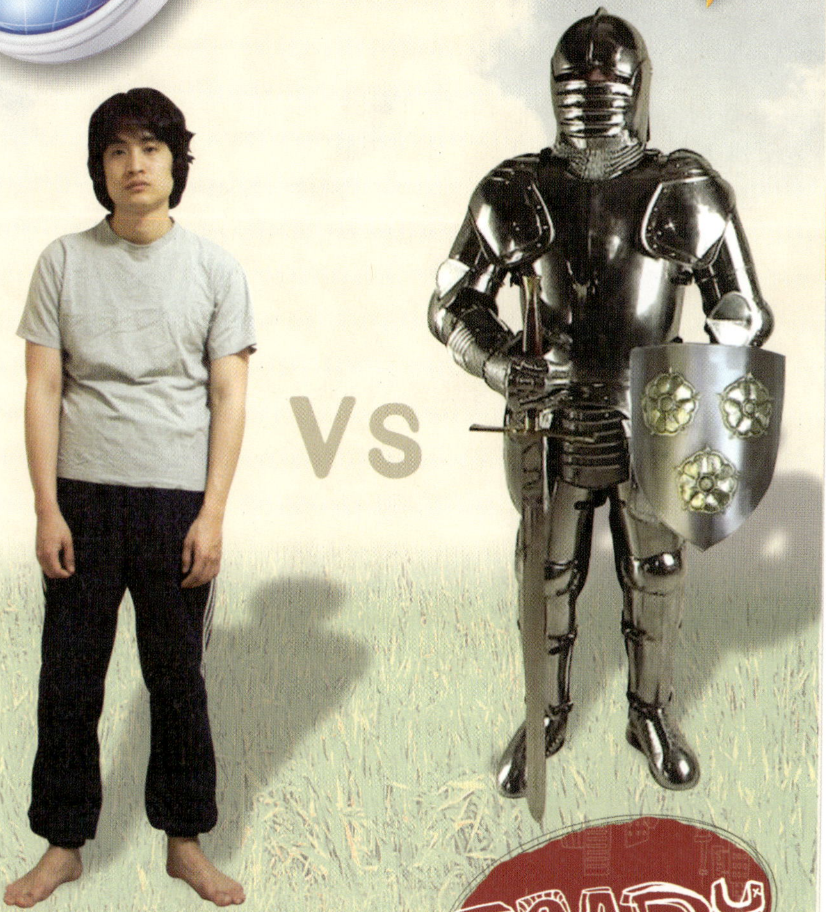

누가 이길 것 같은가? READY

Q1. 두 사람이 싸운다면 누가 유리하겠습니까?

1부 2부 3부 4부 5부 6부 7부 8부 9부 10부 11부 12부 13부

KNOW 발바닥 사건들

마음열고 생각하기

"눈의 아들 여호수아를 데려오너라. 내 영이 그에게 있도다. 네 손을 여호수아에게 얹어라."(쉬운성경/민 27:18)

출애굽의 지도자가 모세였다면 가나안 정복의 지도자는 여호수아였습니다.
하나님은 가나안 정복을 위한 지도자로 여호수아를 세우셨습니다.

Q1. 하나님이 여호수아를 택하신 가장 중요한 조건이 무엇인지 위의 말씀을 읽으면서 한번 생각해 보십시오.

말씀으로 살펴보기

여호수아는 분명 모세의 장군이었지만 하나님이 여호수아를 택한 이유는 하나님의 영이 거한 사람이었기 때문입니다.
즉 하나님의 말씀을 따라 순종하는 사람이었다는 뜻입니다.

모세가 죽은 후 하나님이 여호수아에게 나타났을 때입니다.
하나님은 여호수아에게 안심할 만한 약속을 하셨습니다.

강하고 담대하라
두려워하지 말며 놀라지 말라
네가 어디로 가든지
네 하나님 여호와가
너와 함께 하느니라 (수 1:9)

특히 "강하고 담대하라"는 말씀을
하나님은 여호수아에게 세 번이나 반복해서 말씀하셨습니다.(수 1:6, 7, 9)

Q2. "강하고 담대하라"는 것은 무엇에 대하여 강하고 담대하라는 것입니까?(수 1:1–9)
특히 여호수아 1장 7절 말씀을 읽고 생각해 보십시오.

전쟁을 앞두고 하나님이 이같은 명령을 하신 것은 전쟁의 주체는 여호수아가 아니라 하나님 자신임을 강조하는 것임을 알 수 있습니다. 하나님은 이같은 것을 반복하여 여호수아와 이스라엘 백성에게 알려주십니다. 특히 세 번의 발바닥 사건을 통하여 하나님은 강조하셨습니다.

Q3. 하나님은 모세에게 약속하신 것처럼 광야, 레바논을 포함하여 사방팔방의 가나안 땅을 모두 주시겠다고 재확인하셨습니다. 이런 약속 앞에서 여호수아가 해야 할 일은 무엇이었습니까?
(수 1:3–4)

Q4. 가나안 땅으로 들어가기 위해서는 요단 강을 건너야 했습니다. 이 요단 강을 건널 때 하나님은 제사장들이 여호와의 궤를 메고 앞장서서 건너가게 하였습니다. 그때 그들은 어떤 모습으로 건너가야 했습니까?(수 3:13-17)

Q5. 요단 강을 건넌 후 가나안 땅에 진입하기 위해서 반드시 거쳐야 할 견고한 성 여리고를 만납니다. 그때 여호수아가 해야 할 일은 무엇이었습니까?(수 5:13-15)

가나안 땅을 정복하는 데 있어서 여호수아나 이스라엘 백성이 준비해야 한 것은 무기를 준비하는 것이나 군사훈련이 아니었습니다. **신발을 벗는 것이었고, 맨발바닥으로 강을 건너고 가나안 땅을 활보하는 것이었습니다.**

Q6. 그렇다면 신발을 벗는다는 것, 맨발바닥으로 전쟁터에 나간다는 것은 무엇을 의미하는 것입니까?

Reflect
내 삶에 적용하기

Q7. 이 세상이라는 전쟁터에서 우리가 살아가기 위해서 해야 할 가장 중요한 일은 무엇입니까? 신발을 벗는다는 말의 뜻을 생각하면서 적어 보십시오.

DO IT 내가 벗어야 할 신발

우리는 하나님을 믿는다고 하면서도
우리의 힘으로 사는 데 익숙해져 있습니다.
우리는 기도하면서 동시에 의심합니다.
오늘 우리에게 가장 중요한 것은 온전한 믿음을 갖는 것입니다.
이를 위해서 **우리가 인간적으로 믿는 것을 내려놓아야 할 것입니다.**
즉 신발을 벗는 것이 필요합니다.

Q1. 오늘 내가 벗어야 할 신발은 무엇이라고 생각하십니까?

* 주일 예배 말씀 *

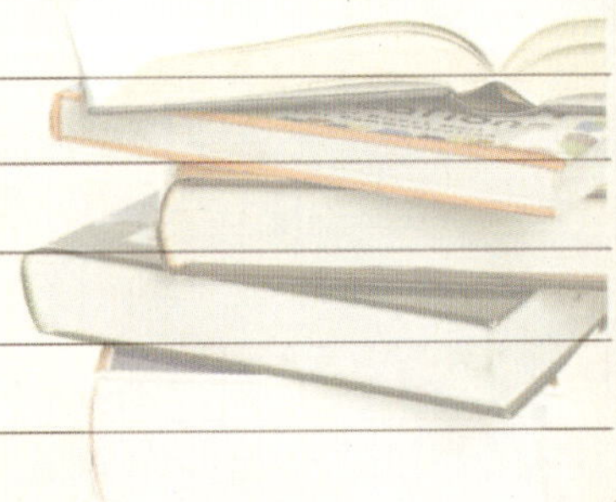

10과 Quiz

Q1. 하나님이 여호수아에게 강하고 담대하라고 말씀하셨는데, 무엇에 대하여 강하고 담대하라는 것이었습니까?

Q2. 견고한 성 여리고 전투를 앞두고 여호수아가 해야 할 일은 무엇이었습니까?

11 두 전투

3,300여 년 동안 침묵을 깨고 여리고 성이 그 모습을 세상에 드러낸 것은 1999년 'Creation Ex Nihilo Journal'에 실린 성서고고학의 대가 브라이언트 우드 박사의 논문을 통해서입니다.

우드 박사의 논문은 여러 학자들의 100여 년 동안에 걸친 유적 발굴에 관한 보고서를 분석한 내용에 근거하고 있는데, 여리고 성은 외벽과 내벽 등 두겹으로 되어 있으며 외벽은 5m 정도 높이의 기초 성벽 위에 두께 2m, 높이 7m의 진흙벽돌 벽으로 세워져 있었습니다. 내벽은 지상으로부터 높이가 14m 정도 되는 둑 위에 다시 높이 솟아 오른 내성벽의 구조로 설계된 것으로 밝혀졌습니다. 그야말로 난공불락의 구조를 지닌 이중 성벽이었습니다.

난공불락의 여리고 성

READY

Q1. 이 난공불락의 여리고 성은 어떻게 무너졌다고 성경은 기록하고 있습니까? (수 6:3–5, 20)

KNOW 여리고 성과 아이 성

여호수아 당시 아이 성 인구는 1만 2천 명(수 8:25)이었습니다. 그렇다면 싸움에 나갈 수 있는 장정은 3,000-4,000명에 불과했습니다. 그래서 이스라엘은 아이 성 전력을 과소평가하였습니다(수 7:3). 엄청나게 견고한 여리고 성을 무너뜨린 이스라엘은 자신만만했었습니다.

open 마음열고 생각하기

Q1. 그러나 실제로 아이 성 전투 결과는 어떠했습니까?(수 7:3-5)

Dig 말씀으로 살펴보기

견고하고 철옹성 같은 여리고 성을 점령한 이스라엘이 아이 성을 점령하는 데는 실패하였습니다.
그 이유가 무엇인지 알기 위하여 여리고 성 전투 상황을 살펴보겠습니다.

Q2. 여리고 성 전투 앞에서 이스라엘은 어떤 준비를 했습니까?
하나님이 하신 명령을 요약해 보십시오.(수 6:4-9)

Q3. 특히 이스라엘 백성들은 어떤 모습으로, 어떤 지침을 가지고 여리고 성을 돌아야 했습니까?
(수 6:10)

여호수아 6장 15절 말씀을 보면 여리고 성은 하루 동안에도 일곱 번을 돌 수 있는 성이었습니다.

하지만 앞의 엿새 동안은 하루에 한 바퀴씩만 돌았습니다.

그리고 돌아와서는 잠을 잤습니다. 그것이 전부였습니다.

Q4. 하루에도 일곱 번 돌 수 있는 거리를 한 번만 돌았다면 어느 정도의 속도인지를 알 수 있습니다. 한번 일어나서 빠른 속도로 걸어 보신 후 그 속도를 7분의 1로 줄여서 걸어 보십시오. 그리고 어떤 느낌이 드는지를 적어 보십시오.

Q5. 더 기막힌 것은 마지막 날, 일곱 바퀴를 돈 후 함성을 질렀더니 성이 무너진 것입니다. 논리적으로 아무리 크게 소리를 질러도 성이 무너질 수는 없습니다. 그렇다면 우리는 여기서 무엇을 깨달아야 하는 것입니까?

여리고 성을 무너뜨린 후 이스라엘은 상대적으로 가벼운 상대인 아이 성을 만났습니다. 그들은 가볍게 전쟁을 준비하고 나갔습니다. 결과는 참패였습니다.

Q6. 아이 성 전투에서 패배한 이유가 무엇인지를 여호수아 7장 11-26절을 읽고 짧게 대답해 보십시오.

Reflect
내 삶에 적용하기

"놀라지 말라
이 전쟁은 너희에게 속한 것이 아니요 하나님께 속한 것이니라"(대하 20:15)

Q7. 우리는 이 기막힌 말씀을 자주 잊습니다. 그런데 전쟁이 하나님께 속한 것이라면 우리가 준비해야 할 가장 중요한 것은 무엇입니까? 아이 성 전투 경우를 생각하면서 적어 보십시오.

DO IT 하나님 앞에서

아이 성 전투에서 알 수 있듯이 우리는 하나님 앞에서 정직하고 진실해야 합니다.
그것이 우리가 준비해야 할 가장 중요한 것입니다.
그렇다면 나는 어떻습니까? 지난 한 주간 동안만 생각해 보겠습니다.
지금 당장 하나님 앞에 서더라도 전혀 부끄럽지 않으십니까?

Q1. 나의 언어 생활은 어떻습니까? 자주 썼던 비속어들 중 대표적인 것 세 가지만 적어 보십시오.

Q2. 인터넷을 사용하면서 하나님 보시기에 부끄러운 것들은 어떤 것이 있었는지 대표적인 것 세 가지만 적어 보십시오.

(자신만 아는 말로 적어도 좋습니다)

Q3. 그렇다면 나의 신앙 생활은 어떻습니까? 크리스천이라고 인정받을 만한 것들은 있었는지, 있었다면 세 가지만 적어 보십시오.

* 주일 예배 말씀 *

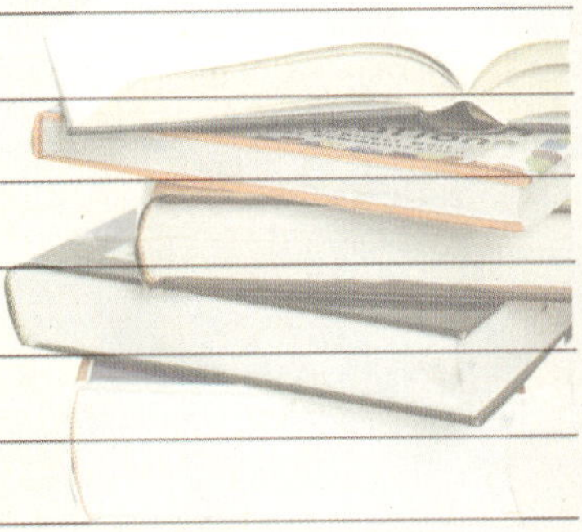

11과 Quiz

Q1. 여리고 성은 어떻게 무너졌습니까?

Q2. 아이 성 전투의 실패 이유는 무엇입니까?

12 하나님을 잊지 말라!

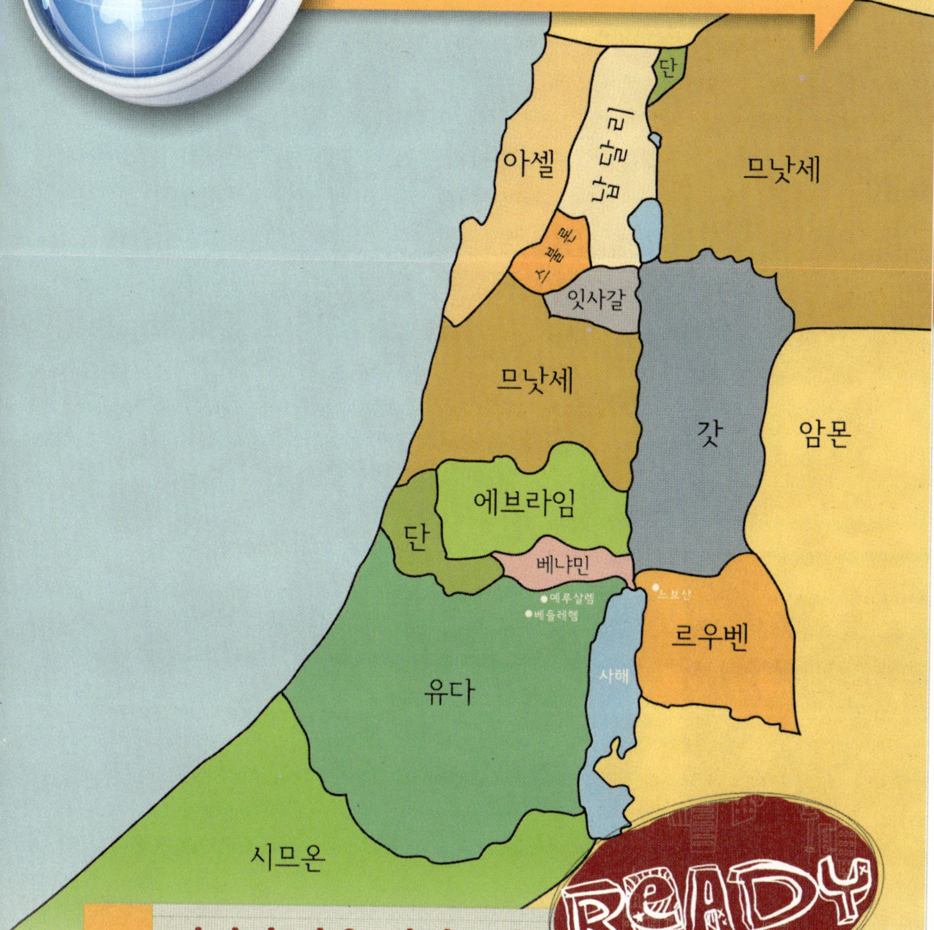

READY 가나안 땅을 점령하다

Q1. 하나님이 아브라함을 부르시고 가나안 땅을 약속하셨을 때가 B.C 1920년경이었습니다. 그리고 지금 가나안 땅 정복을 마친 시기가 B.C 1390년경입니다. 아브라함이 하나님의 부르심을 받은 후 약속의 성취까지는 얼마 정도 걸린 것입니까?

KNOW

킹덤 오브 헤븐

open 마음열고 생각하기

출애굽에서부터 시작하여 가나안 정복에 이르기까지 여정을 볼 때 하나님 없는 이스라엘은 생각할 수 없습니다. 오로지 하나님만이 이스라엘의 왕이었습니다. **이스라엘은 오직 하나님만 의지하며 살았고, 하나님만 바라보며 살았습니다.** 비록 광야에서 대부분의 생활을 하였지만 그 광야는 하나님이 계신 까닭에 하나님 나라(킹덤 오브 헤븐)였습니다.

Q1. 하나님은 분명 약속을 지키시는 분이셨습니다. 아브라함과 맺은 약속을 결국 이루셨기 때문입니다. 이같은 하나님을 보면서 어떤 마음이 드십니까?

Dig 말씀으로 살펴보기

여호수아를 통해 인도된 가나안에 정착한 이스라엘 백성은 농경 민족으로서의 삶을 꾸려가기 시작했습니다. 출애굽 후 40년 동안은 유목 민족으로서의 삶이었지만 이젠 직접 농사를 지어야 했습니다.

농사를 짓는 것은 분명 서툴렀습니다. 따라서 그들은 가나안 농사법을 좇을 수밖에 없었습니다. 그중에 가장 심각한 것은 가뭄이 들거나 흉년이 들었을 때였습니다. 그때 이스라엘 백성은 가나안의 방법을 좇았습니다.

그런데 그것이 문제였습니다.

가나안 종교에서는 가족, 가축, 농사의 풍부함이 바알 신과 아스다롯 신의 성적 관계를 통하여 이루어진다고 생각했습니다. 그러므로 바알과 아스다롯을 섬기는 제사장들은 성 행위가 일종의 제사였습니다. 그같은 행위가 바알과 아스다롯을 기쁘게 한다고 생각했기 때문입니다.

이같이 농사가 가나안 종교와 밀접한 관계를 맺고 있는 땅에서 농사를 짓기 시작한 이스라엘 백성은 차츰 가나안의 다산 숭배와 성적 관습에 의해 더럽혀지기 시작하였습니다.

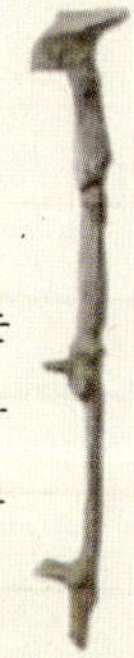

Q2. 물론 여호수아가 살아 있었고, 하나님이 일하신 것을 목격했던 사람들이 있는 동안에는 이런 문제가 일어나지 않았습니다(삿 2:7). 그런데 여호수아 세대 사람들이 다 죽고난 후에 문제가 생겼습니다. 이스라엘 백성이 어떻게 행동하였는지 짧게 적어 보십시오.(삿 2:11-13)

Q3. 왜 이런 일이 벌어진 것입니까? 성경은 그 이유를 무엇이라고 설명합니까?(삿 2:10)

처음부터 이런 일이 벌어진 것은 아니었습니다.

시간이 가면 갈수록 이스라엘 백성은 가나안의 종교와 문화, 풍습을 좇기 시작하였습니다. 이는 하나님에 대한 교육이 부재하였기 때문이고, 역사 의식이 부족했기 때문이었습니다.

Q4. 여호수아와 같은 지도자는 없어졌고, 시간이 지나면서 이스라엘 백성이 점점 가나안 문화에 길들여지자 하나님에 대한 관심은 사라져갔습니다. 무지했기 때문이었습니다. 결국 그들은 이상한 백성이 되고 말았습니다. 어떻게 이스라엘이 행동한 것입니까?(삿 2:13)

하나님은 진노하셨고 재앙을 내리셨습니다.

그것은 적들의 공격 앞에 무기력한 패배를 의미하였습니다.

하지만 하나님은 곧 이스라엘을 구원하셨습니다.

Q5. 하나님이 사용하셨던 지도자들의 이름을 무엇이라고 부릅니까?(삿 2:16)

Reflect

내 삶에 적용하기

출애굽의 기적과 40년의 광야생활 동안 그들은 늘 하나님의 기적을 체험하였습니다. 하지만 소용이 없었습니다. 그들은 금방 잊었습니다. 그 오랜 날의 훈련이 불필요해 보이는 모습이 아닐 수 없습니다.

Q6. 가장 중요한 것은 하나님을 잊지 않는 것입니다.
그렇다면 어떻게 해야 합니까? 무엇이 필요한 것입니까?

DO IT 잊지 않기 위하여

우리는 하나님을 잊지 말아야 합니다. 잊지 않기 위해서 하나님을 공부해야 합니다. 그러므로 신앙 교육과 역사 교육은 언제나 중요한 것입니다. 후대 이스라엘 사람들은 자녀들을 교육시킬 때 이 점을 매우 중요하게 여겼습니다. 그래서 그들은 몸에 하나님의 말씀을 새긴 종이나 헝겊을 붙이고 다녔습니다. 잊지 않기 위함이었습니다.

Q1. 신명기 6장 6–9절을 읽고 하나님의 말씀을 마음을 포함하여 몸의 어떤 부분에 붙였었는지 옆의 그림에 직접 그려 넣어 보십시오.

Q2. 큐티할 때나 말씀을 들을 때 하나님이 감동 주신 말씀을 쪽지에 써서 한 주간 동안 들고 다니면서 묵상하는 시간을 가져 보십시오.

* 주일 예배 말씀 *

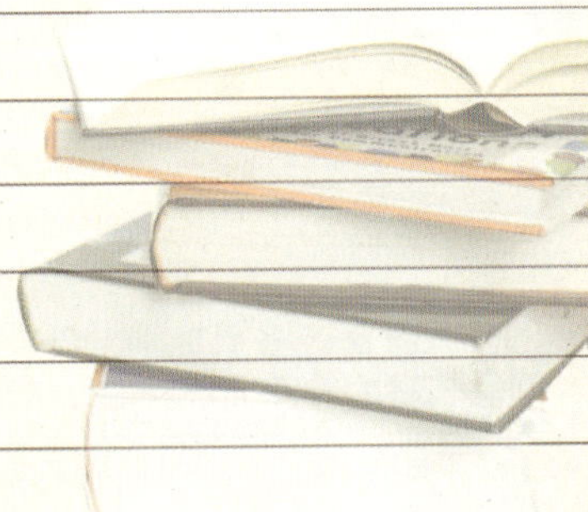

12과 Quiz

Q1. 가나안 정복 후 시간이 지나면서 여호수아와 같은 지도자가 없어지자 이스라엘 백성은 어떻게 행동합니까?

Q2. 위기를 만날 때마다 하나님이 사용하셨던 지도자들은 누구였습니까?

13 3등이 즐겁고 1등이 슬픈 사람

READY

미리 질문들을 읽고
영화를 보십시오

Q1. 오빠 알리와 동생 자라가 운동화를 번갈아 신고 학교를 다녀야 했던 이유는 무엇입니까?

Q2. 오빠 알리가 어린이 마라톤 대회에 나가는 이유는 무엇입니까?

Q3. 오빠 알리가 마라톤 대회에서 3등을 하지 못하고 1등을 했을 때 어떤 반응을 보였습니까?

Q4. 가장 인상 깊었던 장면 하나를 생각하고 왜 가장 인상 깊었는지 그 이유를 적어 보십시오.

KNOW 천국의 아이들

천국은 어떤 곳입니까? 화려한 황금 길과 빛난 면류관, 그리고 풍요로움이 가득하고 눈물과 고통이 더는 없는 곳. 물론 그런 곳입니다. 이처럼 우리의 관심사는 늘 외형적인 곳으로 모아집니다. 천국을 그렇게 이해하고 싶은 것인지도 모릅니다. 그렇다면 혹시 우리가 놓치고 있는 것은 없을까요?

예수님께서 천국에 대하여 구체적으로 기술한 내용들은 없는데, 그럼에도 천국에는 어떤 사람이 살 수 있는지, 자격에 대하여는 분명히 말씀하셨습니다.

"진실로 너희에게 이르노니 너희가 돌이켜 어린 아이들과 같이 되지 아니하면 결단코 천국에 들어가지 못하리라"(마 18:3)

Q1. 어린아이와 같아야 된다?
이 말의 뜻이 무엇인지 이어지는 마태복음 18장 4절을 읽고 생각해 보십시오.

우리나라 1960-1970년대의 어려움처럼 알리의 집은 매우 가난합니다. 월세를 5개월째 밀려 매일 빚 독촉에 시달리고, 어머니는 허리가 아픈 상태이지만 변변한 치료조차 하지 못하고 있는 상태입니다. 그런데 설상가상으로 오빠 알리는 여동생 자라의 금방 고친 분홍색 꽃신을 잃어버립니다.

거기서 영화는 시작됩니다. 엄마, 아빠의 형편이 어려운 것을 알고 있는 오누이는 이 어려움 앞에서 나름대로 해법을 찾아내는데, 동생 자라는 오전반이고, 알리는 오후반이라 학교 가는 시간이 다르니 오빠 알리의 운동화를 함께 신기로 한 것이었습니다. 자라는 수업이 끝나자마자 집으로 부리나케 뛰어와야 했고, 동구 밖에서 슬리퍼를 신고 기다리던 오빠 알리는 운동화로 바꿔 신자마자 학교로 달려야 했습니다.

그러던 어느 날 오빠 알리는 반가운 소식을 듣습니다. 그것은 전국 어린이 마라톤 대회의 상품에 관한 것이었습니다. 특히 알리의 관심은 3등 상품이 운동화라는 사실에 집중되었습니다. 다른 아이들은 1등을 하면 2주 동안의 캠프와 운동복 한 벌이 상품이라는 점에 관심을 가졌지만

알리는 1등이나 2등 상품에는 관심이 없었습니다.

Q2. 오빠 알리의 마라톤 목표는 1등이 아닙니다. 3등 하는 것이었습니다.
왜 1등이 아니라 3등이 목표입니까?

Q3. 3등을 목표로 해서 달리는 알리의 모습이 아름다워 보입니다. 왜 아름답다고 생각하십니까?

예수님은 하나님과 동등한 분이십니다.
그런데 그분이 사람의 모양으로 나타나셨습니다.
더욱이 성경은 이렇게 말합니다.

"사람의 모양으로 나타나사 자기를 낮추시고 죽기까지 복종하셨으니 곧 십자가에 죽으심이라" (빌 2:8)

Q4. 영화의 표현으로 하면 예수님은 3등이 아니라 꼴찌를 선택하신 것입니다.
왜 그렇게 하신 것입니까?

언제나 동생 자라만 생각하는 오빠 알리! 동생 자라를 위하여 3등을 유지하면서 달리는 것, 정말 행복하였습니다. 1등과 2등을 보내면서도 행복했습니다. 알리는 3등만 하면 되었기 때문입니다. 그런데 4등으로 달리던 아이가 알리를 이길 수 없자 반칙을 사용합니다. 그래서 알리는 넘어졌고 순위에서 멀어지게 되는 상황을 만납니다. 결승점은 가까워오는데 말입니다.

3등을 꼭 해야 했던 알리는 다시 일어나서 최선을 다해서 달립니다. 이제 3등의 여유는 없었습니다. 결승점이 다가오면서 경기는 치열해졌고, 5-6명의 아이들이 거의 같은 순위로 달리기를 합니다. 그런데 골인점을 통과하면서 알리는 원하지 않는 1등을 하고 맙니다. 알리가 1등을 하자 교장선생님과 체육선생님이 기뻐 어쩔줄 모르고 연신 사진을 찍어대지만, 우리 알리는 눈물만 흘립니다.

Q5. 왜 오빠 알리는 슬픈 것입니까? 왜 1등이 괴로운 것입니까?

Q6. 오빠 알리의 이 기막힌 마음을 이해할 수 있겠습니까?

The greatest among you
will be your servant.
For whoever exalts himself
will be humbled,
and whoever humbles himself
will be exalted.(Matthew 23:11-12)

너희 가운데서 으뜸가는 사람은 너희를 섬기는 사람이 되어야 한다.
자기를 높이는 사람은 낮아지고, 자기를 낮추는 사람은 높아질 것이다.

(표준새번역/ 마 23:11-12)

DO IT

일등이 괴롭습니까?

다음의 질문들을 읽으신 후 자신은 어떤 생각을 갖고 있는지 대답해 보십시오.

Q1. 1등이 괴로운 사람, 3등이 즐거운 사람, 바로 그 사람이 진정한 크리스천이 아닙니까?

Q2. 다른 사람을 배려하고 그의 고통 가운데 깊이 참여하고 함께 호흡하고 대화하는 관계를 가진 사람이 진정한 크리스천이 아닙니까?

Q3. 서로 깊이 사랑하고 뜨겁게 나누는 공동체가 되는 모습이 어떤 화려하고 큰 건물보다 아름다운 교회가 아닙니까?

파워 히스토리 시리즈

1권 _ His + Story
2권 _ 킹덤 오브 헤븐
3권 _ 인간 왕국사
4권 _ 예언과 환타지

다음 시리즈를 기대해 주세요

청소년 성경공부 교재

인간 왕국사